DEL AMOR A LA

REVOLUCIÓN

DEL AMOR A LA REVOLUCIÓN

An Intermediate
Spanish-American Reader

EDITED BY

EDUARDO ZAYAS-BAZÁN

East Tennessee State University

ANTHONY G. LOZANO

University of Colorado

W·W·NORTON & COMPANY·INC·
NEW YORK

Copyright © 1975 by W. W. Norton & Company, Inc.

Library of Congress Cataloging in Publication Data

Zayas-Bazán, Eduardo, comp.
    Del amor a la revolución.

        1.   Spanish language—Readers.   I.   Lozano, Anthony
G., joint comp.   II.   Title.
PC4117.Z35   468'.6'421   74–13388
ISBN 0–393–09283–6

Tarde de agosto by José Emilio Pacheco. From *El viento distante* by José
Emilio Pacheco. Copyright 1969, 1963 by Ediciones Era, S.A. Reprinted by
permission of the author.
Con Jimmy en Paracas by Alfredo Bryce. From *Narradores dominicanos*
edited by José Miguel Oviedo. Copyright 1969 by Monte Ávila Editores,
C.A. Reprinted by permission of Monte Ávila Editores, C.A.
Rebeldes by Hilma Contreras. From *Narradores peruanos* edited by Aida
Cartagena. Copyright 1968 by Monte Ávila Editores, C.A. Reprinted by
permission of Monte Ávila Editores, C.A.
*La fe y las montañas, La jirafa que de pronto comprendió que todo es
relativo, El zorro es más sabio*, and *El conejo y el león* by Augusto Mon-
terroso. From *La oveja negra y demás fábulas* by Augusto Monterroso.
Copyright 1969 by Editorial Joaquín Mortiz, S.A. Reprinted by permission
of the author.
Continuidad de los parques by Julio Cortázar. From *Final del juego* by
Julio Cortázar. Copyright 1964 by Editorial Sudamericana, S.A. Reprinted
by permission of Editorial Sudamericana, S.A.
Crónica policial by Virgilio Díaz Grullón. From *Narradores peruanos*
edited by Aida Cartagena. Copyright 1968 by Monte Ávila Editores, C.A.
Reprinted by permission of the author.
La pasajera de primera clase by Adolfo Bioy Casares. From *Historias fan-
tásticas* by Alfredo Bioy Casares. Copyright 1972 by Emecé Editores. Re-
printed by permission of Emecé Editores.
Mi padre by Manuel del Toro. From *Antología general del cuento puerto-
rriqueño* edited by Cesáreo Rosa-Nieves and Félix Franco Oppenheimer.
Copyright 1970, 1959 by Editorial Edil, Inc. Reprinted by permission of the
author.
El Evangelio según Marcos by Jorge Luis Borges. From *El informe de
Brodie* by Jorge Luis Borges. Copyright 1970 by Emecé Editores. Reprinted
by permission of Emecé Editores.
Las Linares by José Rafael Pocaterra. From *Cuentos grotescos* by José
Rafael Pocaterra. Copyright 1955 by Ediciones Edime. Reprinted by per-
mission of Marthe A. de Pocaterra.
Adiós a Ruibarbo by Guillermo Blanco. From *Sólo un hombre y el mar* by
Guillermo Blanco. Copyright 1957 by Editorial del Pacífico, S.A. Reprinted
by permission of the author.
Una aventura en el trópico by Edmundo Desnoes. From *Narrativa cubana
de la revolución* edited by José Manuel Caballero Bonald. Copyright 1968
by Alianza Editorial, S.A.
What Became of Pampa Hash? by Jorge Ibargüengoitia. From *La ley de
Herodes y otros cuentos* by Jorge Ibargüengoitia. Copyright 1967 by Edi-
torial Joaquín Mortiz, S.A. Reprinted by permission of the author.
La siembra de ajos by Arturo Úslar Pietri. From *Treinta cuentos* by Arturo
Úslar Pietri. Copyright 1969 by Monte Ávila Editores, C.A. Reprinted by
permission of the author.
Nadie a quien matar by Lino Novás-Calvo. From *Maneras de contar* by
Lino Novás-Calvo. Copyright 1970 by Las Americas Publishing Company.
Reprinted by permission of the author.

PRINTED IN THE UNITED STATES OF AMERICA
4 5 6 7 8 9 0

CONTENTS

PREFACE vii

José Emilio Pacheco, TARDE DE AGOSTO 3

Alfredo Bryce, CON JIMMY EN PARACAS 11

Hilma Contreras, REBELDES 31

Augusto Monterroso, FÁBULAS 41

Julio Cortázar, CONTINUIDAD DE LOS PARQUES 51

Virgilio Díaz Grullón, CRÓNICA POLICIAL 57

Adolfo Bioy Casares, LA PASAJERA DE PRIMERA CLASE 67

Manuel del Toro, MI PADRE 75

Jorge Luis Borges, EL EVANGELIO SEGÚN MARCOS 81

José Rafael Pocaterra, LAS LINARES 93

Guillermo Blanco, ADIÓS A RUIBARBO 105

Edmundo Desnoes, UNA AVENTURA EN EL TRÓPICO 121

Jorge Ibargüengoitia, WHAT BECAME OF PAMPA HASH? 141

Arturo Úslar Pietri, LA SIEMBRA DE AJOS 157

Lino Novás-Calvo, NADIE A QUIEN MATAR 171

VOCABULARY 191

PREFACE

Del amor a la revolución is a collection of fifteen contemporary Spanish-American short stories designed to introduce the second year Spanish student to some of the writers and literary trends in Latin America today. Our purpose is to present appealing and pertinent short stories of high literary quality in an accessible way in order to aid and encourage students to cultivate a taste for good literature. To this end we have included such noted writers as Jorge Luis Borges, Alfredo Bryce, Julio Cortázar, Adolfo Bioy Casares, and Arturo Úslar Pietri.

Each selection is preceded by an introduction, in English, to the author and the story. In every story we have made generous use of visible vocabulary and footnotes in which difficult syntactic patterns are translated in context. This is done in the belief that students at this level should not have to constantly interrupt their reading to refer to a dictionary. Following the text are questions pertaining to the content of the story and exercises on vocabulary and translation.

The order in which the stories appear in this anthology has been determined by the degree of difficulty and variety of subject matter. In accordance with these criteria, the more difficult stories are at the end of the volume. The subject matter is sufficiently varied to keep alive the interest of even the most reluctant student.

The anthology begins with a poetic story of the first love of a teenage boy. The next one narrates a day in the life of two young boys at a famous resort hotel in Perú, but it is also an acid commentary on the corruption of a social class. *Rebeldes* makes us feel the terror of living under an oppressive dictatorship. The humorous fables of Monterroso encourage us to laugh at our pompous ways and ideas. The apparent simplicity of *Continuidad de los parques* disguises an intricate commentary on reality. The humorous report of a murder in *Crónica policial* is a veiled criticism of the ineptness of the police.

The fantasies and exaggerations of the grandame in *La pasajera de primera clase* may amuse, yet do contain considerable underlying truth. The tale of the innocence of a boy and his love and pride for his father in *Mi padre* is followed by Borges' intricate Biblical narrative, *El Evangelio según Marcos*. The grotesque descriptions of the sisters in *Las Linares* afford an opportunity to appreciate the type of mockery and zest for life peculiar to Hispanic society.

The last five stories in the book range from the gentleness of a little boy's life to the aftermath of revolution. Blanco's *Adiós a Ruibarbo* tells us about the love of a little boy for a horse, and his disillusionment. In *Una aventura en el trópico* a tour through Hemingway's house in post-revolutionary Cuba provides the means to discuss the great world powers. Anyone who has met the type of American girl described in *What Became of Pampa Hash?* will certainly enjoy the humor of her foibles and of the playboy who describes them. In the story *La siembra de ajos,* we can feel the heat and lushness of the tropics and the almost predestined conclusion. The anthology ends on a classic and yet contemporary note. *Nadie a quien matar* is about post-revolutionary Cuba, yet it has the impact of a Greek tragedy. Each of the stories is fresh and unique. They lead the reader from one emotion to another.

The editors are indebted to many friends and colleagues for their aid in preparing this anthology. Special thanks are due to Dr. Monte Scheinbaum, Professor and Mrs. Ambrose Manning, and Professor Elaine Ehrhardt of East Tennessee State University; to Dr. Ivonne Guillón Barrett of the University of Colorado; to Dr. Paul Rogers, formerly of Oberlin College; to Sr. Miguel Ángel Flores of México; to Sr. Tarsicio Pasos of Venezuela; to Sra. Laura Comellas de Luppi of Argentina; to the East Tennessee State University Advisory Research Council for three grants; and to the Spanish students at the University of Colorado and at East Tennessee State University for their invaluable criticism of the short stories. Finally we would like to thank our wives, Leticia Alonso de Lozano and Elena Pedroso de Zayas-Bazán. Without their constant support and help, this anthology would not be a reality.

A.G.L.

E.Z.B.

DEL AMOR A LA
REVOLUCIÓN

José Emilio Pacheco

México

Pacheco, apart from being an excellent storyteller, is also a well-known poet. His prose is full of lyricism, as exemplified by the following selection from his book *El viento distante*.

Tarde de agosto, a bittersweet story in which the author's rich imagination brings to the reader his own childhood remembrances, tells of a young orphan's awakening to the realities of life.

The repetitive use of the conjunction *y* in the latter part of the story creates lyrical rhythmic effects. Another poetic device is the symbolic use of nature to support a human situation; for example, the chasing of the squirrel suggests the boy's quest of an impossible dream, his cousin's love.

TARDE DE AGOSTO

Nunca vas a olvidar esa tarde de agosto. Tenías catorce años, ibas a terminar la secundaria.° *high school*
Muerto tu padre antes de que pudieras [1] recordarlo, tu madre trabajaba en una agencia de viajes. Ella te despertaba al dar [2] las siete. Quedaba atrás° un sueño° de combates a la orilla° del *you had left behind/ dream/shore* mar,° desembarcos° en islas enemigas, ataques *sea/landings* a los bastiones de la selva.° Y entrabas lenta- *jungle* mente° en el día en que era necesario vivir, de- *slowly* sayunar, ir a la escuela, crecer,° dolorosamente° *grow up/painfully* crecer, abandonar la infancia.

Por la noche, cuando volvía tu madre de la agencia, cenaban° sin hablarse y luego te en- *you and she had supper* cerrabas° en tu cuarto a estudiar, a oír radio, a *you locked yourself up* leer las novelas de la colección Bazooka,[3] esos relatos° de la segunda guerra mundial que te *stories* permitían llegar a una edad heroica en que ima- ginabas mudas° batallas sin derrota.° *mute/defeat*

A causa del trabajo de tu madre comías en casa de su hermano, el hombre hosco° que no mani- *sullen* festaba ningún afecto y exigía° un pago mensual° *demanded/monthly payments* por tus alimentos.° Diariamente soportaste una *meals* aridez que no anhelabas,[4] una conversación que te libraba,° al excluirte, de insistir sobre° los mismos *spared you/on* temas e imitar frases y actitudes copiadas del cine

[1] **antes . . . pudieras:** *before you could*
[2] **Ella . . . dar:** *She would wake you up at*
[3] **colección Bazooka:** a popular paperback collection
[4] **Diariamente . . . anhelabas:** *Every day you endured a boring atmosphere that you didn't want*

y la televisión. Aceptado por fuerza, no quisieron
romper tu malestar de intruso involuntario.[5]

Y sin embargo todo lo compensó la presencia
de Julia. Julia, tu prima hermana,° tu inalcan-   *first cousin*
zable° prima hermana, la que cumplió veinte   *unreachable*
años esa tarde de agosto. Julia estudiaba ciencias
químicas,° era la única que te tomaba en cuenta;[6]   *chemistry*
no por amor como creíste entonces: quizá por la
compasión que despertaba el niño, el huérfano,°   *orphan*
el sin derecho a nada.[7]

Julia te ayudaba° en las tareas,° te dejaba es-   *would help you/*
cuchar sus veinte discos, música que para siem-   *homework*
pre° te hará pensar en ella. Julia una vez te llevó *always*
al cine; otra, te presentó a su novio, al primer
novio que tuvo consentimiento para verla en su
casa.[8]

Y a nadie odiaste° como odiaste a Pedro, a   *you hated*
Pedro que se irritaba porque le dabas lástima° a   *she took pity on you*
tu prima, a Pedro que te consideraba un testigo,°   *witness*
un estorbo,° quizá nunca un rival.   *obstruction*

Julia cumplió veinte años esa tarde de agosto.
Terminada la comida de aniversario,° Pedro le   *birthday*
preguntó si quería ir al cine o a pasear° por los   *take a ride*
alrededores° de la ciudad. No escuchaste la res-   *around*
puesta.° En cambio obedeciste° la orden de a-   *answer/you obeyed*
compañarlos. Subieron° al coche de Pedro. Te   *you (all) got into*
hundiste en el asiento posterior.[9]

Y Julia reclinaba la cabeza en el hombro° de   *shoulder*
Pedro, Pedro manejaba con la izquierda para
abrazar° a Julia, la música trepidaba° en la   *put his arm around/*
radio, la tarde se quemaba en la ciudad de piedra   *vibrated*
y polvo,[10]

---

[5] **no . . . involuntario:** i.e., *they didn't want to make
you feel welcome.*
[6] **te . . . en cuenta:** *paid attention to you*
[7] **el sin . . . nada:** *the one without any rights to anything.*
[8] **tuvo . . . casa:** *who had (her parent's) approval to
visit her at home.*
[9] **Te . . . posterior:** *You sank down in the back seat.*
[10] **la tarde . . . polvo:** *it was a broiling afternoon in
the city of pavement and dust*

hasta que viste perderse en el cristal ° las últi- *car window*
mas casas y los cuarteles ° y los cementerios. *barracks*
Entonces (Julia besaba a Pedro y se dejaba acariciar; tú no existías cegado por el sol), cipreses,
oyameles, altos pinos que la luz del verano des-
garraba llegaron a tus ojos, te impidieron llorar.[11]

Pedro detuvo ° el coche frente a los muros del *stopped*
convento oculto ° en la desolación de la montaña. *hidden*
Te invitaron a bajar ° y caminaron por galerías *to get out*
desiertas, corredores llenos de ecos sin memoria,

y se asomaron a la escalinata [12] de un subterráneo oscuro ° y se hablaron y escucharon (ellos, *dark cellar*
no tú) en las paredes ° de una capilla acústica,° y *walls/chapel which echoed*
mientras Julia y Pedro paseaban por los jardines
del convento, tú que no tienes nombre y no eres
nadie grabaste ° el nombre de ella y la fecha ° en *you carved/date*
los muros.° *walls*

Salieron de las ruinas y caminaron hacia la
selva húmeda y las vegetaciones de montaña,
bajaron al lugar en donde nace ° el bosque,° *starts/forest*
hasta el arroyo helado ° que era menos que un *icy stream*
surco,° hasta el letrero ° que prohibía cortar *furrow/sign*
flores y molestar a los animales (la selva era
parque nacional y el transgresor sería multado ° *fined*
y consignado ° y humillado sin tregua).° *pointed out/without respite*

El aire agudo ° y libre llegó hasta ti y revivió *sharp*
tus sueños. Tocaste la libertad de la naturaleza [13]
y te creíste el héroe, los héroes todos de la pasada
guerra, los vencedores o los caídos ° de Tobruk, *the fallen*
Narvik, Dunkerke, Las Ardenas, Iwo Yima, Mid-
way, Monte Cassino, El Alamein, Varsovia,[14]

te viste combatiendo ° en el Afrika Corps o *fighting*

[11] **Entonces . . . llorar:** *Then (Julia was kissing Pedro and was letting herself be caressed; blinded by the sun you simply didn't exist) the cypresses, firs and tall pine trees that the summer light was penetrating came to your eyes and kept you from crying.*

[12] **se . . . escalinata:** *they took a look at the stairs*

[13] **Tocaste . . . naturaleza:** *You were able to feel nature's freedom*

[14] **Tobruk . . . Varsovia:** famous World War II battles (*Varsovia* is Warsaw)

en la caballería polaca, en las cargas ° suicidas   *charges*
contra los tanques alemanes, tú el soldado capaz °   *capable*
de toda acción guerrera porque sabe que una
mujer va a celebrar su hazaña ° y el enemigo va   *deed*
a perder,° a ceder,° a morir.   *to lose/to give in*

Y entonces Julia descubrió a la ardilla,° la ar-   *squirrel*
dilla parda ° en la copa ° de un árbol, y dijo que   *dark/top*
cómo le gustaría llevársela a su casa, y Pedro
respondió que las ardillas no permitían jamás ser
atrapadas y había cien, mil, cienmil guardabos-
ques ° para guardar el bosque y las ardillas. Di-   *forest rangers*
jiste entonces yo la agarro,°   *I'll get it*

y te subiste ° al árbol antes que Julia pudiera   *you climbed*
decir no. (La corteza ° del pino hería ° tus manos,   *bark/hurt*
la resina ° te hacía resbalar.) ° Entonces la ar-   *resin/slip*
dilla se trepó ° a lo más alto y la seguiste ° hasta   *climbed/you followed*
poner los pies ° en una rama.° Miraste hacia   *feet/branch*
abajo y viste al guardabosque que se acercaba °   *was approaching*
a Pedro que comenzaba a hablar con él y a Julia
tratando de no mirarte,

y sin embargo viéndote y sin embargo Pedro
no dijo nada de ti al guardabosque y el guarda-
bosque no levantó los ojos ° y Pedro siguió ha-   *raised his eyes*
blando con él y prolongando así tu humillación,
tu triunfo roto,°   *shattered triumph*
porque ya habían pasado diez minutos y la
rama comenzaba a ceder.

Sentiste miedo entonces de caerte y morirte y
perder ante Julia y quedar mal con ella,[15] porque
el guardabosque iba a llevarte preso,°   *prisoner*
herido ° y preso y perder ante Julia,   *wounded*
y sin embargo el guardabosque no se iba y la
ardilla te desafiaba ° a medio metro de la rama   *defied*
y bajaba y corría por el pasto ° y se perdía en la   *grass*
selva,
mientras Julia lloraba lejos del guardabosque
y de la ardilla, pero de ti más lejos e imposible.

[15] **Sentiste . . . con ella:** *Then you became afraid of
falling and dying and losing in front of Julia and being
put in a bad light with her*

Y el guardabosque se despidió de Pedro y al fin pudiste descender del árbol,

pálido, torpe,° humillado, con lágrimas,°   *awkward/tears*

y sin embargo Pedro se reía y Julia no lloraba: le reclamaba ° y lo llamaba estúpido.   *protested*

Subieron otra vez al automóvil y Julia no se dejó abrazar por Pedro y nadie habló de nada una palabra.

Bajaste cerca de tu casa y caminaste muchas horas y contaste a tu madre lo que ocurrió en el bosque,

el fin de tu aventura y tu inocencia lastimosa.°   *painful*

Y quemaste ° en el bóiler [16] la colección Bazoo-   *you burned*
ka

y no olvidaste nunca esa tarde de agosto,

esa tarde,

la última

en que tú viste a Julia.

EJERCICIOS

I. Conteste las preguntas siguientes en clase.

1. ¿Cuántos años tiene el joven del cuento?
2. ¿Cuál es su situación familiar?
3. ¿Dónde tiene que comer?
4. ¿Cómo le reciben en casa de su tío?
5. ¿Por qué un huérfano "no tiene derecho a nada?"
6. ¿Cómo ayuda Julia al joven?
7. ¿Por qué odia el joven a Pedro?
8. ¿Qué fiesta celebran en la historia?
9. ¿Por dónde van a ir a pasear?
10. ¿Por qué siente deseos de llorar el joven?
11. ¿Qué descubre Julia?
12. ¿Por qué decide el joven agarrar la ardilla?

[16] Anglicism used in Mexico for a hot water heater in which wood is burned

13. ¿A quién ve el joven cuando está subido en el árbol?
14. ¿Por qué siente miedo entonces?
15. ¿Por qué no puede el joven capturar la ardilla?
16. ¿Por qué se enoja Julia con Pedro?
17. ¿Es Pedro un personaje simpático? ¿Por qué?
18. ¿Por qué quema el joven en el bóiler la colección de novelas?
19. ¿Por qué es posible identificarse con el joven?
20. El episodio de la ardilla, ¿qué simboliza?
21. ¿Por qué es triste el final?

II. Antónimos. De la lista a continuación, sustituya un verbo similar en significado al verbo en bastardilla en cada oración. Haga todos los cambios gramaticales necesarios.

1. No *odiaste* a nadie tanto como a Pedro.
2. El guardabosque *se acercaba* a nosotros.
3. Nunca vas a *olvidar* esta tarde de agosto.
4. El joven iba a *terminar* la secundaria.
5. Julia *descubrió* la ardilla en el bosque.
6. *Subiste* al coche cerca de tu trabajo.
7. Ellos *celebraron* mi hazaña de guerra.
8. La madre *iba* a la agencia de viajes.

   a. recordar   e. bajar de
   b. empezar   f. alejarse de
   c. regresar de   g. ocultar
   d. amar   h. ignorar

III. Traduzca las oraciones siguientes. Están basadas en oraciones que aparecen en el texto.

1. Nevertheless their presence compensated for everything.
2. I didn't hear the answer, but I went with them.
3. My brother introduced me to my girl friend.
4. Pedro became thirty years old in September.
5. The birthday dinner ended very early.
6. The jungle was full of exotic flowers.
7. I irritated him because Julia took pity on me.
8. They got into the car slowly.
9. The lawbreaker was fined and humiliated.
10. I would like to take the squirrel home.
11. They saw themselves fighting the German tanks.
12. She became afraid of falling and dying.

Alfredo Bryce

Perú

Born in Lima in 1939, Bryce is rapidly becoming one of the best-known Spanish-American short-story writers. Both his collection of short stories, *Huerto cerrado,* and his first novel, *Un mundo para Julius,* have received wide acclaim. He currently teaches literature at the Université de Nanterre.

Con Jimmy en Paracas * is now a Peruvian classic. In it, a sensitive teenager narrates a retrospective account of a business trip to Paracas with his father. Illustrating the storytelling mastery of Bryce are the characters: Manolo, who narrates the story; his father, a petit bourgeois, who has had to struggle to achieve this status; and Jimmy, a spoiled and degenerate classmate of Manolo who is pictured as the product of a corrupt society.

* Because of the length of this story, we recommend that it be read in two parts.

CON JIMMY
EN PARACAS

Lo estoy viendo; realmente es como si lo estuviera viendo; allí está sentado, en el amplio comedor veraniego,° de espaldas a ° ese mar donde
había rayas,° tal vez tiburones.° Yo estaba sentado al frente suyo, en la misma mesa y, sin embargo, me parece que lo estuviera observando
desde la puerta de ese comedor, de donde ya todos
se habían marchado;° ya sólo quedábamos él y yo,
habíamos llegado los últimos, habíamos alcanzado
con las justas el almuerzo.[1]

    Esta vez me había traído; lo habían mandado
sólo por el fin de semana, y Paracas no estaba tan
lejos: estaría de regreso ° a tiempo para el colegio,
el lunes. Mi madre no había podido venir; por eso
me había traído. Me llevaba siempre a sus viajes
cuando ella no podía acompañarlo, y cuando
podía volver a tiempo para el colegio. Yo escuchaba cuando le decía a mamá que era una pena °
que no pudiera venir, la compañía le pagaba la
estadía,[2] le pagaba hotel de lujo ° para dos personas. "Lo llevaré," decía, refiriéndose a mí.
Creo que yo le gustaba para esos viajes.

    Y a mí ¡cómo me gustaban esos viajes! Esta
vez era a Paracas. Yo no conocía Paracas, y

summer dining room with his back to

rayfish/sharks

left

back

pity

luxury

---

[1] **habíamos . . . almuerzo:** *we had just made it for lunch.*

[2] **la compañía . . . estadía:** *the company was taking care of all expenses*

cuando mi padre empezó a arreglar la maleta,[3] el viernes por la noche, ya sabía que no dormiría bien esa noche, y que me despertaría antes de sonar el despertador.°   *alarm clock*

Partimos ese sábado muy temprano, pero tuvimos que perder mucho tiempo en la oficina, antes de entrar en la carretera° al sur. Parece que mi   *highway* padre tenía todavía cosas que ver allí, tal vez recibir las últimas instrucciones de su jefe. No sé; yo me quedé esperándolo afuera, en el auto, y empecé a temer que llegaríamos mucho más tarde de lo que habíamos calculado.

Una vez en la carretera, eran otras° mis pre-   *different* ocupaciones. Mi padre manejaba, como siempre, despacísimo;° más despacio que lo que mamá le   *very slowly* había pedido que manejara. Uno tras° otro, los   *after* automóviles nos iban dejando atrás, y yo no miraba a mi padre para que no se fuera a dar cuenta de que eso me fastidiaba un poco, en realidad me avergonzaba bastante. Pero nada había que hacer,[4] y el viejo° Pontiac, ya muy viejo el pobre,° avan-   *old/poor (car)* zaba lentísimo, anchísimo, negro e inmenso, balanceándose° como una lancha° sobre la carre-   *swaying/boat* tera recién asfaltada.

A eso de la mitad° del camino, mi padre   *about halfway* decidió encender° la radio. Yo no sé qué le   *to turn on* pasó: bueno, siempre sucedía lo mismo, pero solo probó° una estación, estaban tocando una   *he tried* guaracha,° y apagó inmediatamente sin hacer nin-   *Latin American rhythm* gún comentario. Me hubiera gustado escuchar un poco de música, pero no le dije nada. Creo que por eso le gustaba llevarme en sus viajes; yo no era un muchachillo preguntón;° me gustaba ser   *full of questions* dócil; estaba consciente de mi docilidad. Pero eso sí, era muy observador.

---

[3] **a . . . maleta:** *to pack the suitcase*
[4] **para . . . hacer:** *so that he wouldn't notice that it bothered me a little; really, it made me rather ashamed (of him). But there was nothing I could do*

Y por eso lo miraba de reojo,° ya ahora lo
estoy viendo manejar. Lo veo jalarse° un poquito
el pantalón desde las rodillas, dejando aparecer
las medias° blancas, impecables, mejores que las
mías, porque yo todavía soy un niño; blancas e
impecables porque estamos yendo a Paracas, hotel
de lujo, lugar de veraneo,° mucha plata y todas
esas cosas. Su saco° es el mismo de todos los
viajes fuera de Lima, gris, muy claro, sport; es
norteamericano y le va a durar° toda la vida.
El pantalón es gris, un poco más oscuro que el
saco, y la camisa es la camisa vieja más nueva
del mundo; a mí nunca me va a durar una camisa
como le duran a mi padre.

Y la boina;° la boina es vasca;° él dice que es
vasca de pura cepa.⁵ Es para los viajes; para el
aire; para la calvicie.° Porque mi padre es calvo,
calvísimo, y ahora que lo estoy viendo ya, no es
un hombre alto. Ya aprendí que mi padre no es
un hombre alto, sino más bien bajo. Es bajo y
muy flaco.° Bajo, calvo y flaco, pero yo entonces
tal vez no lo veía aún así, ahora ya sé que sólo
es el hombre más bueno de la tierra, dócil como
yo; en realidad se muere de miedo de sus jefes;
de esos jefes que lo quieren tanto porque hace
siete millones de años que no llega tarde ni se
enferma ni falta° a la oficina; esos jefes que yo
he visto como le dan palmazos° en la espalda y
se pasan la vida felicitándolo° en la puerta de la
iglesia los domingos; pero a mí hasta ahora no me
saludan, y mi padre se pasa la vida diciéndole a
mi madre, en la puerta de la iglesia los domingos,
que las mujeres de sus jefes son distraídas° o no
la han visto, porque a mi madre tampoco la saludan, aunque a él, a mi padre, no se olvidaron de
mandarle sus saludos y felicitaciones cuando cumplió un millón de años más sin enfermarse ni llegar
tarde a la oficina, la vez aquella en que trajo esas

sideways
pull up

socks

summer resort
coat

to last

beret/Basque

baldness

thin

fails to go
they pat him
congratulating him

absent-minded

⁵ **de pura cepa:** *genuine; legitimate*

fotos en que, estoy seguro, un jefe acababa de
palmearle ° la espalda, y otro estaba a punto de   *pat him on*
palmeársela; y esa otra foto en que ya los jefes
se habían marchado del cocktail,[6] pero habían
asistido, te decía mi padre, y volvía a mostrarte
la primera fotografía.

Pero todo esto es ahora en que lo estoy viendo,
no entonces en que lo estaba mirando mientras
llegábamos a Paracas en el Pontiac. Yo me había
olvidado un poco del Pontiac, pero las paredes
blancas del hotel me hicieron verlo negro, ya muy
viejo el pobre, y tan ancho. ° "Adónde va a caber   *wide*
esta mole,"[7] me preguntaba, y estoy seguro de
que mi padre se moría de miedo al ver esos ca-
rrazos, no lo digo por grandes, sino por la pinta.°   *(luxurious) appearance*
Si les daba un topetón,[8] entonces habría que ver
de quién era ese carrazo, porque mi padre era
muy señor, y entonces aparecería el dueño,° ve-   *owner*
raneando en[9] Paracas con sus amigos, y tal vez
conocía a los jefes de mi padre, había oído hablar
de él, "no ha pasado nada, Juanito" (así se llamaba, se llama mi padre), y lo iban a llenar de pal-
mazos en la espalda, luego vendrían los aperitivos,
y a mí no me iban a saludar, pero yo actuaría de
acuerdo a las circunstancias y de tal manera que
mi padre no se diera cuenta de que no me habían
saludado. Era mejor que mi madre no hubiera
venido.

Pero no pasó nada. Encontramos un sitio anchísimo para el Pontiac negro, y al bajar, ahí sí
que lo vi viejísimo.° Ya estábamos en el hotel de   *really ancient*
Paracas, hotel de lujo y todo lo demás. Un mu-
chacho vino hasta el carro por la maleta. Fue la
primera persona que saludamos. Nos llevó a la

---

[6] **cocktail:** Anglicism for *cocktail party*
[7] **"Adónde . . . mole":** *Where is this huge thing (the car) going to fit*
[8] **Si . . . topetón:** *If he were to bump any of them*
[9] **veraneando en:** *who would be spending the summer in*

recepción ° y allí mi padre firmó los papeles de *the front desk*
reglamento, y luego preguntó si todavía podíamos
"almorzar algo" (recuerdo que así dijo). El hombre de la recepción, muy distinguido, mucho más
alto que mi padre, le respondió afirmativamente:
"Claro que sí, señor. El muchacho lo va a acompañar hasta su "bungalow," para que pueda usted
lavarse las manos si lo desea. Tiene usted tiempo,
señor; el comedor cierra dentro de unos minutos,
y su "bungalow" no está muy alejado." ° No sé *far away*
si mi papá, pero yo todo eso de "bungalow" lo
entendí muy bien, porque estudio en colegio inglés y eso no lo debo olvidar en mi vida y cada
vez que mi papá estalla,° cada mil años, luego *gets very angry*
nos invita al cine, grita que hace siete millones de
años que trabaja enfermo ° y sin llegar tarde para *feeling sick*
darles a sus hijos lo mejor, lo mismo que a los
hijos de sus jefes.

El muchacho que nos llevó hasta el "bungalow"
no se sonrió mucho cuando mi padre le dio la
propina, pero ya yo sabía que cuando se viaja con
dinero de la compañía no se puede andar derro-
chando,° si no, pobres jefes, nunca ganarían un *wasting*
céntimo y la compañía quebraría ° en la mente *would go bankrupt*
respetuosa de mi padre, que se estaba lavando las
manos mientras yo abría la maleta y sacaba alborotado ° mi ropa de baño. Fue entonces que me *excitedly*
enteré,° él me lo dijo, que nada de acercarme al *I found out*
mar,[10] que estaba plagado ° de rayas, hasta había *full of*
tiburones. Corrí a lavarme las manos, por eso de ° *that business about*
que dentro de unos minutos cierran el comedor, y
dejé mi ropa de baño tirada ° sobre la cama. *thrown*
Cerramos la puerta del "bungalow" y fuimos
avanzando hacia el comedor. Mi padre también,
aunque menos, creo que era observador; me seña-
ló la piscina,° tal vez por eso de la ropa de baño. *swimming pool*
Era hermoso Paracas; tenía de desierto, de oasis,

---

[10] **nada . . . mar:** *there wasn't going to be any going near the ocean*

de balneario;° arena,° palmeras,° flores, veredas °   *beach resort/sand/ palm trees/trails*
y caminos por donde chicas que yo no me atrevía °   *I didn't dare*
a mirar, pocas ya, las últimas, las más atrasadas,°   *the slowpokes*
se iban perezosas ° a dormir esa siesta de quien   *lazily*
ya se acostumbró al hotel de lujo. Tímidos y curiosos, mi padre y yo entramos al comedor.

    Y es allí, sentado de espaldas al mar, a las
rayas y a los tiburones, es allí donde lo estoy
viendo, como si yo estuviera en la puerta del comedor, y es que en realidad yo también me estoy
viendo sentado allí, en la misma mesa, cara a
cara a mi padre y esperando al mozo ° ese, que   *waiter*
a duras penas° contestó a nuestro saludo, que había   *scarcely*
ido a traer el menú (mi padre pidió la carta ° y   *menu*
él dijo que iba por el menú), y que, según papá,
debería habernos cambiado de mantel,° pero era   *tablecloth*
mejor no decir nada porque, a pesar de que ése
era un hotel de lujo, habíamos llegado con las
justas ° para almorzar. Yo casi vuelvo a saludar °   *just in time / said hello again*
al mozo cuando regresó y le entregó el menú a mi
padre que entró en dificultades y pidió, finalmente,
corvina a la no sé cuántos,[11] porque el mozo ya
llevaba horas esperando. Se largó ° con el pedido °   *he left/order*
y mi padre, sonriéndome, puso la carta sobre la
mesa, de tal manera que yo podía leer los nombres
de algunos platos, un montón ° de nombres fran-   *bunch*
ceses en realidad, y entonces pensé, aliviándome, °   *feeling relieved*
que algo terrible hubiera podido pasar, como
aquella vez en ese restaurante de tipo moderno,
con un menú que parecía para norteamericanos,
cuando mi padre me pasó la carta para que yo
pidiera, y empezó a contarle al mozo que él no
sabía inglés, pero que a su hijo lo estaba edu-
cando en colegio inglés, a sus otros hijos también,
costara lo que costara,[12] y el mozo no le prestaba
ninguna atención, y movía la pierna porque ya
se quería largar.

  [11] **corvina . . . cuántos:** *corvina* (a tasty fish) *à la so and so*
  [12] **costara . . . costara:** *at whatever cost*

Fue entonces que mi padre estuvo realmente triunfal.° Mientras el mozo venía con las corvinas a lo no sé cuántos, mi padre empezó a hablar de darnos un lujo, de que el ambiente° lo pedía, y de que la companía no iba a quebrar si él pedía una botellita de vino blanco para acompañar esas corvinas. Decía que esa noche a las siete era la reunión con esos agricultores, y. que le comprarían los tractores que le habían encargado° vender; él nunca le había fallado° a la compañía. En ésas estaba cuando el mozo apareció complicándose la vida en cargar los platos de la manera más difícil, eso parecía un circo, y mi padre lo miraba como si fuera a aplaudir, pero gracias a Dios reaccionó y tomó una actitud bastante forzada, aunque digna, cuando el mozo jugaba a casi tirarnos los platos en la cara, en realidad era que los estaba poniendo elegantemente sobre la mesa y que nosotros no estábamos acostumbrados a tanta cosa. "Un blanco no sé cuántos," dijo mi padre. Yo casi lo abrazo por esa palabra en francés que acababa de pronunciar, esa marca de vino, ni siquiera había pedido la carta para consultar; no, nada de eso; la había pedido así no más, triunfal, conocedor, y el mozo no tuvo más remedio[13] que tomar nota y largarse a buscar.

　　Todo marchaba perfecto. Nos habían traído el vino y ahora recuerdo ese momento de feliz equilibrio: mi padre sentado de espaldas al mar, no era que el comedor estuviera al borde del mar, pero el muro que sostenía esos ventanales me impedía ver la piscina y la playa,° y ahora lo que estoy viendo es la cabeza, la cara de mi padre, sus hombros, el mar allá atrás, azul en ese día de sol, las palmeras por aquí y por allá, la mano delgada° y fina de mi padre sobre la botella fresca de vino, sirviéndome media copa, llenando su copa, "bebe despacio, hijo," ya algo quemado° por el sol, listo a acceder, extrañando° a mi

great

atmosphere; surroundings

assigned

failed

beach

thin

suntanned

missing

[13] **no . . . remedio:** *he didn't have any other choice*

madre, buenísimo, y yo ahí, casi chorreándome° con el jugo ese° que bañaba la corvina, hasta que vi a Jimmy. Me chorreé cuando lo vi. Nunca sabré por qué me dio miedo verlo. Pronto lo supe.° *[spilling on myself / that juice / I found out]*

Me sonreía desde la puerta del comedor, y yo lo saludé, mirando luego a mi padre para explicarle quién era, que estaba en mi clase, etc.: pero mi padre, al escuchar su apellido,° volteó° a mirarlo sonriente,° me dijo que lo llamara, y mientras cruzaba el comedor, que conocía a su padre, amigo de sus jefes, uno de los directores de la compañía, muchas tierras en esa región . . . *[surname / he turned around / smiling]*

—Jimmy, papá. —Y se dieron la mano.

—Siéntate, muchacho—dijo mi padre, y ahora recién me saludó a mí.

Era muy bello;° Jimmy era de una belleza extraordinaria: rubio, el pelo en anillos° de oro, los ojos azules achinados,° y esa piel bronceada° todo el año, invierno y verano, tal vez porque venía siempre a Paracas. No bien se había sentado, noté algo que me pareció extraño: el mismo mozo que nos odiaba a mi padre y a mí, se acercaba ahora sonriente, servicial, humilde, y saludaba a Jimmy con todo respeto; pero éste, a duras penas le contestó con una mueca.° Y el mozo no se iba, seguía ahí, parado,° esperando órdenes, buscándolas, yo casi le pido a Jimmy que lo mandara matarse.[14] De los cuatro que estábamos ahí, Jimmy era el único sereno. *[handsome / curls / oriental / tanned / grimace / standing]*

Y ahí empezó la cosa. Estoy viendo a mi padre ofrecerle a Jimmy un poquito de vino en una copa. Ahí empezó mi terror.

—No, gracias—dijo Jimmy—. Tomé vino con el almuerzo—. Y sin mirar al mozo le pidió un whisky.

Miré a mi padre: los ojos fijos en el plato,

---

[14] **yo . . . matarse:** *I almost asked Jimmy to tell him (the waiter) to go jump in the lake.*

sonreía y se atragantaba° un bocado° de corvina *he choked down/mouthful*
que podía tener millones de espinas.° Mi padre no *fishbones*
impidió que Jimmy pidiera ese whisky, y ahí venía
el mozo casi bailando con el vaso en una ban-
deja° de plata,° había que verlo sonreírse al hijo *tray/silver*
de puta.° Y luego Jimmy sacó un paquete de *bitch*
Chesterfield, lo puso sobre la mesa, encendió uno,
y sopló° todo el humo sobre la calva de mi padre, *he blew*
claro que no lo hizo por mal, lo hizo simplemente,
y luego continuó bellísimo, sonriente, mirando
hacia el mar, pero ni mi padre ni yo queríamos
ya postres.° *dessert*

—¿Desde cuándo fumas?—le preguntó mi padre, con voz temblorosa.

—No sé; no me acuerdo—dijo Jimmy, ofre-
ciéndome un cigarrillo.

—No, no, Jimmy; no . . .

—Fuma no más, hijito; no desprecies° a tu *scorn*
amigo.

Estoy viendo a mi padre decir esas palabras,
y luego recoger una servilleta° que no se le había *napkin*
caído, casi recoge el pie del mozo que seguía
ahí parado. Jimmy y yo fumábamos, mientras mi
padre nos contaba que a él nunca le había atraído° *attracted*
eso de fumar, y luego de una afección° a los *infection*
bronquios que tuvo no sé cuándo, pero Jimmy
empezó a hablar de automóviles, mientras yo
observaba la ropa que llevaba puesta, parecía
toda de seda,° y la camisa de mi padre empezó *silk*
a envejecer° lastimosamente, ni su saco nor- *to grow old*
teamericano le iba a durar toda la vida.

—¿Tú manejas, Jimmy?—preguntó mi padre.

—Hace tiempo. Ahora estoy en el carro de mi
hermana; el otro día estrellé° mi carro, pero ya le *I crashed*
va a llegar otro a mi papá. En la hacienda tenemos
varios carros.

Y yo muerto de miedo, pensando en el Pontiac;
tal vez Jimmy se iba a enterar de que ése era el
de mi padre, se iba a burlar° tal vez, lo iba a ver *to make fun of*

más viejo, más ancho, más feo que yo. "¿Para
qué vinimos aquí?" Estaba recordando la compra
del Pontiac, a mi padre convenciendo a mamá,
"un pequeño sacrificio," y luego también los sá-
bados por la tarde, cuando lo lavábamos, asunto
de familia, todos los hermanos con latas ° de agua,   *cans*
mi padre con la manguera,° mi madre en el bal-   *hose*
cón, nosotros locos por subir, por coger el timón,°   *wheel*
y mi padre autoritario: "Cuando sean grandes,
cuando tengan brevete," ° y luego, sentimental: *a driver's license*
"Me ha costado años de esfuerzo." °   *effort*

—¿Tienes brevete, Jimmy?

—No; no importa; aquí todos me conocen.

Y entonces fue que mi padre le preguntó que
cuántos años tenía, y fingió ° creerle cuando dijo   *he pretended*
que dieciséis, y yo también, casi le digo que era
un mentiroso,° pero para qué, todo el mundo   *liar*
sabía que Jimmy estaba en mi clase y que no
había cumplido aún los catorce años.

—Manolo se va conmigo—dijo Jimmy—; va-
mos a pasear ° en el carro de mi hermana.   *take a drive*

Y mi padre cedió una vez más, nuevamente
sonrió, y le encargó ° a Jimmy saludar a su padre.   *he told*

—Son casi las cuatro—dijo—. Voy a descan-
sar ° un poco, porque a las siete tengo una reu-   *to rest*
nión ° de negocios—. Se despidió de Jimmy, y   *meeting*
se marchó sin decirme a qué hora debía regresar,
yo casi le digo que no se preocupara, que no nos
íbamos a estrellar.

Jimmy no me preguntó cuál era mi carro. No
tuve por qué decirle que el Pontiac ese negro, el
único que había ahí, era el carro de mi padre.
Ahora sí se lo diría y luego, cuando se riera
sarcásticamente, le escupiría ° en la cara, aunque   *I would spit*
todos esos mozos que lo habían saludado mientras
salíamos, todos ésos que a mí no me hacían caso,°   *paid attention*
se me vinieran encima a matarme por haber ensu-
ciado esa maravillosa cara de monedita de oro,¹⁵

---

¹⁵ **se . . . oro:** *would come at me to kill me for having dirtied that marvelous face, like one on a gold coin*

esas manos de primera enamorada [16] que estaban
abriendo la puerta de un carro de jefe de mi padre.

A un millón de kilómetros por hora, estuvimos
en Pisco, y allí Jimmy casi atropella° a una mujer   *ran over*
en la Plaza de Armas; a no sé cuántos millones de
kilómetros por hora, con una cuarta velocidad°   *gear*
especial, estuvimos en una de sus haciendas, y
allí Jimmy tomó una coca-cola, le pellizcó° la   *he pinched*
nalga° a una prima, y no me presentó a sus her-   *buttock*
manas; a no sé cuántos miles de millones de ki-
lómetros por hora, estuvimos camino de Ica,° y   *a town near the coast*
por allí Jimmy me mostró el lugar en que había
estrellado su carro, carro de mierda° ése, dijo, no   *crappy car*
servía para nada.

Eran las nueve de la noche cuando regresamos
a Paracas. No sé cómo, pero Jimmy me llevó
hasta una salita en que estaba mi padre bebiendo
con un montón de hombres. Ahí estaba sentado,
la cara satisfecha, ya yo sabía que haría muy bien
su trabajo. Todos esos hombres conocían a Jimmy;
eran agricultores de por ahí,° y acaban de com-   *from around there*
prar los tractores de la compañía. Algunos le to-
caban el pelo a Jimmy y otros se dedicaban al
whisky que mi padre estaba invitando en nombre
de la compañía. En ese momento mi padre em-
pezó a contar un chiste,° pero Jimmy lo interrum-   *joke*
pió para decirle que me invitaba a comer. "Bien,
bien, dijo mi padre. Vayan no más."

Y esa noche bebí los primeros whiskies de mi
vida, la primera copa llena de vino de mi vida, en
una mesa impecable, con un mozo que bailaba
sonriente y constante alrededor de nosotros. Todo
el mundo andaba elegantísimo en ese comedor
lleno de luces y carcajadas° de mujeres muy boni-   *loud laughter*
tas, hombres grandes y colorados que deslizaban°   *would slide*
sus manos sobre los anillos de oro de Jimmy,
cuando pasaban hacia sus mesas. Fue entonces
que me pareció escuchar el final del chiste que

---

[16] **manos . . . enamorada:** i.e., *delicate hands*

había estado contando mi padre, le puse cara de
malo, y como que lo encerré en su salita con esos
burdos agricultores [17] que venían a comprar su
primer tractor. Luego, esto sí que es extraño, me
deslicé ° hasta muy adentro ° en el mar, y desde   *I slipped/far out*
allí empecé a verme, navegando en un comedor
en fiesta, mientras un mozo me servía arrodillado °   *kneeling*
una copa de champagne, bajo la mirada achinada
y azul de Jimmy.

Yo no le entendía muy bien al principio; en
realidad no sabía de qué estaba hablando, ni qué
quería decir con todo eso de la ropa interior.°   *underwear*
Todavía lo estaba viendo firmar la cuenta; gara-
batear ° su nombre sobre una cifra monstruosa   *scribbling*
y luego invitarme a pasear por la playa. "Vamos,"
me había dicho, y yo lo estaba siguiendo a lo
largo del malecón ° oscuro, sin entender muy bien   *sea wall*
todo eso de ropa interior. Pero Jimmy insistía,
volvía a preguntarme qué calzoncillos ° usaba yo,   *shorts*
y añadía que los suyos eran así y asá,[18] hasta que
nos sentamos en esas escaleras que daban a la
arena y al mar. Las olas ° reventaban ° muy cerca   *waves/were breaking*
y Jimmy estaba ahora hablando de órganos geni-
tales, órganos genitales masculinos solamente, y
yo, sentado a su lado, escuchándolo sin saber qué
responder, tratando de ver las rayas y los tiburones
de que hablaba mi padre, y de pronto corriendo
hacia ellos porque Jimmy acababa de ponerme
una mano sobre la pierna, "¿cómo la tienes, Manolo?" dijo, y salí disparado.[19]

Estoy viendo a Jimmy alejarse ° tranquilamente;   *go away*
regresar hacia la luz del comedor y desaparecer
al cabo de ° unos instantes. Desde el borde del   *within*
mar, con los pies húmedos, miraba hacia el hotel
lleno de luces y hacia la hilera ° de "bungalows,"   *row*

[17] **le puse . . . agricultores:** *I frowned at him and im-
agined locking him up in a room with those common
farmers*
[18] **así y asá:** *like this and like that*
[19] **salí disparado:** *I left like a shot.*

entre los cuales estaba el mío. Pensé en regresar corriendo, pero luego me convencí de que era una tontería,° de que ya nada pasaría esa noche. Lo terrible sería que Jimmy continuara por allí, al día siguiente, pero por el momento, nada; sólo volver y acostarme.

foolishness

Me acercaba al "bungalow" y escuché una carcajada extraña. Mi padre estaba con alguien. Un hombre inmenso y rubio zamaqueaba ° el brazo de mi padre, lo felicitaba, le decía algo de eficiencia, y ¡zas! le dio el palmazo en el hombro. "Buenas noches, Juanito," le dijo. "Buenas noches, don Jaime," y en ese instante me vio.

was shaking

—Mírelo; ahí está. ¿Dónde está Jimmy, Manolo?

—Se fue hace un rato, papá.

—Saluda al padre de Jimmy.

—¿Cómo estás, muchacho? O sea que ° Jimmy se fue hace rato; bueno, ya aparecerá. Estaba felicitando a tu padre; ojalá tú salgas° a él. Lo he acompañado hasta su "bungalow."

so

turn out like

—Don Jaime es muy amable.

—Bueno, Juanito, buenas noches.—Y se marchó, inmenso.

Cerramos la puerta del "bungalow" detrás nuestro.° Los dos habíamos bebido, él más que yo, y estábamos listos para la cama. Ahí estaba todavía mi ropa de baño, y mi padre me dijo que mañana por la mañana podría bañarme.° Luego me preguntó que si había pasado un buen día, que si Jimmy era mi amigo en el colegio, y que si mañana lo iba a ver; y yo a todo: "Sí papá, sí papá," hasta que apagó la luz y se metió a ° la cama, mientras yo, ya acostado, buscaba un dolor de estómago para quedarme en cama mañana, y pensé que ya se había dormido. Pero no. Mi padre me dijo, en la oscuridad, que el nombre de la compañía había quedado muy bien, que él había hecho un buen trabajo, estaba contento mi padre.

behind us

go swimming

he got in

Más tarde volvió a hablarme; me dijo que don Jaime había estado muy amable en acompañarlo hasta la puerta del "bungalow" y que era todo un señor.° Y como dos horas más tarde, me preguntó: "¿Manolo, qué quiere decir "bungalow" en castellano?"

a real gentleman

EJERCICIOS

I. Conteste las preguntas siguientes en clase.

1. ¿Cómo estaba viendo Manolo a su padre?
2. ¿Cuándo llevaba el padre al joven a sus viajes?
3. ¿Quién pagaba la estadía?
4. ¿A dónde tuvieron que ir antes de partir a Paracas? ¿Por qué?
5. ¿Cómo manejaba el padre?
6. ¿Qué le fastidiaba a Manolo?
7. ¿Qué sucedía cuando el padre encendía la radio?
8. ¿Por qué creía Manolo que al padre le gustaba llevarlo en sus viajes?
9. ¿Cómo era la ropa que usaba el padre?
10. ¿Por qué piensa Manolo que los jefes quieren tanto a su padre?
11. ¿Por qué las esposas de los jefes no saludan a la madre de Manolo?
12. ¿Cómo es el Pontiac del padre?
13. ¿Por qué el padre no le da mucha propina al muchacho que lleva las maletas?
14. ¿Por qué no desea el padre que Manolo se bañe en el mar?
15. ¿Qué lujo se da el padre durante el almuerzo?
16. ¿A quién vio Manolo mientras comía la corvina?
17. ¿Cómo era Jimmy?

18. ¿Cómo trataba el mozo a Jimmy? ¿Por qué?
19. ¿Le gusta realmente al padre que Jimmy y Manolo fumen?
20. ¿Por qué el padre no dejaba manejar a Manolo?
21. ¿Cómo manejaba Jimmy?
22. ¿Cuándo regresaron a Paracas?
23. ¿Qué bebió Manolo esa noche?
24. ¿Tenía razón Manolo al pensar que Jimmy era un degenerado?
25. ¿Por qué para Manolo sería terrible que Jimmy continuara en Paracas?
26. Cuando Manolo regresó al "bungalow", ¿con quién estaba su padre?
27. ¿Por qué quería tener dolor de estómago?
28. ¿Por qué el papá de Manolo cree que don Jaime es todo un señor?
29. ¿Este cuento refleja la vida en el Perú?
30. ¿En qué situaciones podemos identificarnos con Manolo?
31. ¿Por qué utiliza tantas palabras inglesas y francesas el autor? ¿Qué ambiente crean?
32. Al final del cuento, ¿está avergonzado Manolo de su padre?
33. ¿Qué nos dice este cuento sobre los ricos en el Perú?

II. Sinónimos. De la lista a continuación, sustituya un verbo o una palabra similar en significado al verbo o a la palabra en bastardilla en cada oración. Haga todos los cambios gramaticales necesarios.

1. Mi mamá no podía *ir con él.*
2. El *mozo* no quería traernos el *menú.*
3. Pronto *supe* por qué me dio miedo ver a Jimmy.

4. Era una *lástima* que no pudiera venir.
5. La carretera estaba recién *pavimentada*.
6. *Comencé* a temer que no íbamos a llegar a tiempo.
7. Me *molestaba* mucho la manera de ser de los meseros.
8. Jimmy ya estaba *bronceado* por el sol.
9. ¿Quién pagaba la *estancia* en el hotel?
10. La *apariencia* de los coches era lujosa porque pertenecían a gente rica.

    a. empezar   e. acompañarlo   i. pena
    b. fastidiar f. asfaltar   j. mesero
    c. carta   g. quemar   k. enterarse
    d. estadía   h. pinta

III. Antónimos. De la lista a continuación, sustituya un verbo o una palabra con significado opuesto al verbo o a la palabra en bastardilla en cada oración. Haga todos los cambios gramaticales necesarios.

1. Esta vez lo habían *traído* a Paracas.
2. Me *acosté* a las ocho de la noche.
3. Siempre *va* a la oficina.
4. El *quería* a esa chica rubia.
5. Esta fiesta no va a *terminar*.
6. El nunca había *ayudado* a la compañía.
7. Ese pueblo estaba muy *cerca* de Lima.
8. Mi papá me sirvió una copa de la *vieja* botella de vino.
9. Los jefes se pasaban la vida *criticando* a papá.
10. En el hotel me *dormí* inmediatamente.

    a. levantar   e. felicitar   h. lejos
    b. despertar   f. fallar   i. fresca
    c. llevar   g. faltar   j. empezar
    d. odiar

IV. Complete las oraciones siguientes con palabras o frases tomadas de la lista a continuación. Haga todos las cambios gramaticales necesarios.

1. Ya había comprado los boletos de avión y estaba _____ la maleta que tenía en la cama.
2. _____ de mi padre es de un gris claro y el pantalón es de un gris más oscuro.
3. Yo no le decía nada y a mi papá le gustaba que yo no fuera un niño _____.
4. Mi papá _____ el automóvil tan despacio que todo el mundo nos dejaba atrás.
5. Alguna gente iba a Paracas solamente los fines de semana, otros _____ allí los tres meses completos.
6. No me dejaba nadar en el mar pero sí podía bañarme en _____.
7. Aunque ya habían comido otras personas y estaba sucio, el mesero no cambió _____.
8. El nombre del autor es Alfredo. Su apellido es _____.
9. El mozo traía el vaso de whisky en _____.
10. Se limpió las manos lentamente con _____.
11. El último plato era _____ delicioso hecho al estilo francés.
12. Las playas muchas veces son blancas pero _____ era negra en esa costa.
13. Mi papá _____ la luz y se metió a la cama.

a. veranear	h. arreglar
b. el saco	i. manejar
c. la servilleta	j. la piscina
d. el mantel	k. una bandeja de plata
e. la arena	l. apagar
f. Bryce	m. un postre
g. preguntón	

V. *Traduzca las oraciones siguientes. Están basadas en oraciones que aparecen en el texto.*

1. Tell the waiter to go jump in the lake.
2. I would spit in his face even if the waiters rushed me.
3. It is as if I were seeing it now.
4. We had just barely been able to get to lunch on time.
5. But there was nothing I could do.
6. He's never absent from the office.
7. They wanted to kill me for dirtying that marvelous face.
8. I think he liked my company on those trips.
9. If he bumped into another car, he'd have to see whose it was.
10. I almost spilled the juice on myself.
11. I was sitting in front of him.
12. I knew I'd wake up before the alarm clock sounded.
13. The other cars kept on leaving us behind.
14. He didn't smile much when my father gave him his tip.
15. He asked for corvina à la I don't know what.
16. He didn't have any other choice than to bring us the wine.

Hilma Contreras

República Dominicana

Hilma Contreras is one of the most distinguished short-story writers in the Dominican Republic.

In *Rebeldes* she gives a dramatic, yet realistic, picture of the deplorable dictatorship that her country suffered for thirty-one years while Rafael Leónidas Trujillo Molina was in power from 1930 until his assassination in 1961. Although the story takes place in the Dominican Republic, it is typical of some parts of Latin America, as it portrays the plight and frustration of freedom-loving people living under political dictatorship. The brutal police persecution is described in a concise and clear style. In a few pages, this short story gives us a shocking view of human suffering in the quest for freedom.

REBELDES

—¿Vive aquí Marcelino Torres?—preguntó el chofer a tiempo que paraba en seco° la ambulancia. *stopped dead*

Eran las nueve de una mañana resplandeciente de sol. Don Marcelino, hombre más entrado en años de los que realmente tenía,[1] como de costumbre a esa hora, paseaba los ojos° por el cielo antes de encaminarse a° su imprenta.° *he was glancing across starting towards/ print shop*

—Sí—contestó, interrumpiendo apenas° la dulce faena° de chupar° su pipa—. ¿Qué se le ofrece?[2] *hardly task/drawing on*

El chofer hizo señas° al hombre sentado junto a él. Abrían ya la puerta de la ambulancia, cuando el segundo individuo se dignó° explicar: *signs condescended*

—Entonces, este muerto° es suyo. *dead man*

Sorprendido, don Marcelino retiró su pipa de los labios° golosos.° *lips/greedy (which were enjoying the pipe)*

—Eso es un error—protestó—. Nosotros no tenemos a nadie enfermo en el Hospital.

—Pero éste es suyo . . .

Sacaron un bulto° del vehículo, echaron° a un lado a don Marcelino, y sin más miramientos,[3] arrojaron° el paquete en medio del zaguán.° *bundle/they pushed they threw/entrance*

El viejo no encontraba palabras.

—¡Ey!—dijo al fin, cuando oyó el ruido° del motor en marcha—. ¡Ey . . . ! *noise*

[1] **hombre . . . tenía:** *a man who looked older than he really was*
[2] **¿Qué se le ofrece?:** *What can I do for you?*
[3] **sin . . . miramientos:** *without any consideration*

31

Pero la ambulancia dio un sirenazo de respuesta, alejándose por la calle alegre de sol.⁴

Dentro de la casa gritó ° una mujer.   *screamed*

Don Marcelino entró precipitadamente ° para   *hastily*
encontrarse con la nuera ° que daba gritos de   *daughter-in-law*
pie ° junto al paquete, la cara oculta ° entre las   *on her feet/hidden*
manos. Gritaba desesperada, sacudiendo la cabeza
ciega como negando su propia desesperación y a
cada grito retrocedía de un paso.⁵

El viejo la miraba sin atreverse a bajar los ojos,
horrorizado antes de ver.

Por la puerta abierta entraban los vecinos,° las   *neighbors*
amistades,° los curiosos, formando un caos de   *friends*
espanto.°   *horror*

Don Marcelino entonces miró hacia abajo,
hacia el bulto que la nuera había descubierto °   *uncovered*
por un extremo. La pipa se le escapó de la mano
para caer al suelo con un golpecito ° seco.   *bump*

Del arrozal ° venía un *jeep* dando corcovos °   *rice field/bucking*
en su prisa° por dejar atrás el tramo ° malo del   *haste / stretch*
camino.

Juan, que conducía,° dijo al hermano: *was driving*

—Mira esas siembras,° Manolo, no comprendo   *cultivated fields*
cómo puede un solo hombre poseer tanta tierra.

—Ya te preguntaste lo mismo esta madrugada °   *morning*
y ayer, y no sé cuántas veces más. En cualquier
rato te sale caro . . .⁶

—¡Anjáaa . . . !—exclamó riendo Juan—.
Yo lo creía dormido o atontado,° Padrino.°   *groggy/Godfather*

—Nada más que zarandeado hasta los huesos.⁷

---

⁴ **dio . . . sol:** *gave a siren blast (shriek) in reply and moved away down the sun-filled street.*

⁵ **sacudiendo . . . paso:** *shaking her head with her eyes closed as if denying her hopelessness and at each scream she took a step back.*

⁶ **En . . . caro:** *You are going to get in trouble (asking that type of question).*

⁷ **Nada . . . huesos:** *Only shaken to the bones.*

Manolo se ladeó ° en el asiento para hablar con don Luis. *(turned)*

—¿Usted cree los rumores que corren? ° *(that are going around)*

—Los hechos ° no son rumores. *(facts)*

—No—corroboró Juan—. Esto se pone feo ° . . . ¿Cuántos quedan ° en las montañas? ¿Diez? ¿Doce? Quizás° veinte . . . No resistirán tanta metralla.° *(is becoming ugly / are left / perhaps / enemy attacks)*

—Están resistiendo para animarnos ° a la rebelión. Pero somos demasiado pendejos ° . . . el miedo . . . *(to encourage us / cowardly)*

Manolo protestó:

—No hable de miedo, don Luis, es *impotencia*. ¿A dónde quiere Ud. ir sin armas?

La amargura ° de la pregunta aisló ° a los tres en sus respectivos pensamientos hasta llegar a la ruta principal. *(bitterness / isolated)*

—El rumor a que me refería—advirtió ° de pronto Manolo—tiene algo que ver° con Miguel Ángel. No se sabe ° de él. *(warned / something to do / there is no news)*

La imagen del cuñado ° surgió de golpe° en la mente de Juan. *(brother-in-law / appeared suddenly)*

—¿No se fue a ver a la novia a la Capital?— interrogó don Luis.

—Sí . . . , pero ella telefoneó ayer preguntando por él.

—¡Ah . . . ! ¿Y ustedes creen que se marchó a las montañas?

—¿Con lo enamorado que está? [8] No . . . Pero nos angustia que pueda ser otro "desaparecido" [9] más . . .

—¡Chit!—previno ° Juan, que había escuchado en silencio. Estamos llegando al pueblo y aquí hasta el aire espía. *(warned)*

---

[8] **¿Con . . . está?:** *With him being so in love?*

[9] **"desaparecido":** In Latin America dictators make undesirable members of the opposition "disappear," which in most cases means the person has been assassinated.

Iban abrumados ° cuando al desembocar ° en la calle "Presidente," Juan frenó ° violentamente.

overwhelmed/they came to

put on the brakes

A dos cuadras escasas, se agolpaba frente a su casa una muchedumbre de hombres.[10]

—Pega ° a la acera,° detrás del Ford—dijo Manolo—, y sin esperar saltó ° del vehículo, corriendo hacia los hombres que, al verlo venir, le abrieron ° paso ° en súbito ° silencio.

park/sidewalk

he jumped

they cleared/way/ sudden

Acababan de meterlo en el ataúd y se disponían a taparlo, urgidos por el mal olor.[11]

El joven extendió el brazo. Su voz entrecortada ° sonó como un ruego:°

halting/plea

—Por favor, quiero verlo antes.

Sintió en los hombros dos manos trémulas que tímidamente trataban de alejarlo. Pero él miraba con un dolor indescriptible que vencía ° al horror.

conquered

Empezaba a oscurecer.°

to get dark

Solo, en el comedor de verano, fumaba don Marcelino. Arriba,° haciendo crujir ° el piso de madera,[12] medían ° el tiempo sus hijos.

upstairs/creak

measured

Después de los gritos, de la gente, pesaba ° el silencio.

was heavy

A medida que ° las horas se alargaban ° en otras horas, le parecía más evidente que la nutrida ° concurrencia al entierro ° había sido una protesta contra semejante ° atrocidad. En este punto de sus meditaciones, meneó ° la cabeza tristemente. "Eso no conducirá ° a nada bueno . . . No . . . a nada bueno . . ."

—¡Válgame Dios,° don Marcelino!—exclamó

as/stretched

full/funeral

such an

he shook

lead

bless my soul

[10] **A dos . . . hombres:** *Scarcely two blocks away, a group of men were crowded together in front of their home.*

[11] **Acababan . . . olor:** *They had just placed him in the coffin and were going to close it due to the bad smell.*

[12] **haciendo . . . madera:** i.e., *pacing up and down the wooden floor*

la buena criada de años [13]—. ¡Se lo come la oscuridad! [14]

—Es verdad . . . No me había dado cuenta.°   *realized*

La madera cesó de crujir.

Tanto él como la mujer, miraron hacia arriba.

—¿Comieron algo?—preguntó don Marcelino.

—¡Piense Ud.! Desde las doce están encerra-
dos ° sin parar casi de caminar. Dan grima . . .°   *locked/they inspire pity*
Ud. debiera hacer algo . . .

Don Marcelino se puso de pies,° y antes de subir   *stood up*
fue al zaguán para cerrar él mismo la puerta.
Como andaban las cosas, era mejor trancarse °   *lock the doors*
temprano.

Un mozalbete ° entraba en ese momento.   *boy*

—¿Algo nuevo, Julito?

El muchacho, de unos trece años, vaciló un
instante; luego ° dijo: *then*

—Isabel se calmó después de la inyección.

—Ya me dijiste eso esta tarde—advirtió pausadamente ° —. ¿A qué has venido?   *slowly; deliberately*

—Bueno . . . tía Luisa me manda ° a decir-   *sends*
le . . .

Arriba reanudaron ° los pasos.   *they resumed*

—¿Todavía? °—preguntó señalando el piso su-   *still at it?*
perior con la mirada.

—Sí, hijo—exclamó la criada, nerviosa—. ¿Dirás ahora el mandado? [15]

—Que cogieron preso a don Luis.

—¡Jesús! [16]

Don Marcelino golpeó la pipa en la mesa para
limpiarla de un resto de ceniza.°   *ashes*

—¿Y por qué?

---

[13] **de años:** *who had been there for years.*
[14] **¡Se . . . oscuridad!:** *It's too dark for you!*
[15] **¿Dirás . . . mandado?:** *Will you tell us now what you were sent for?*
[16] **¡Jesús!:** The use of sacred words in Spanish is proper and doesn't imply profanity, as the English word might.

—Porque... bueno . . . , ellos nunca dicen
por qué . . .

—Pero tú has oído murmurar . . . Anda, dilo.

—Dizque . . . porque le prestó un nicho de
su tumba . . .[17]

Imponiendo silencio a la criada con un ade-
mán° autoritario y por todo comentario, inqui-   *gesture*
rió:

—¿Tú conoces bien las montañas?

Julito lo miró a los ojos, súbitamente transfigurado.°   *excited*

—Tía Luisa me manda para eso . . . Ud.
puede contar conmigo, don Marcelino.

El portalón° se abrió lentamente en la noche   *large door*
alta y fresca. Uno a uno se deslizaron° fuera de   *they slipped*
la casa, seguidos de la bendición° de don Marce-   *blessing*
lino, en cuyo corazón no cabía más angustia.[18]

La calle estaba desierta. Escurriéndose° a lo   *sneaking*
largo° de las casas, caminaban silenciosos, vigi-   *along*
lantes a posibles patrullas por aquel sector.

Una sola vez estuvieron a punto de° ser sor-   *on the verge of*
prendidos en su huida.° Pero los mismos cascos°   *escape/hooves*
herrados de la guardia montada,[19] los previnieron
a tiempo para escabullirse.°   *slip away*

Al cabo° de una hora interminable de marcha,   *at the end*
alcanzaron° el lindero° de la montaña.   *they reached/edge*

—Ve delante,° Julito—dijo Manolo con una   *ahead*
sonrisa de alivio°—. Ahora comienza tu papel°   *full of relief/role*
de guía.

Una descarga de fusilería restalló a sus espaldas.[20]

[17] **Dizque . . . tumba:** *They say that it was because he
let you have a space (for Miguel Ángel) in his family
burial place.*

[18] **no . . . angustia:** *there was no more room for
anguish.*

[19] **cascos . . . montada:** *the shod horses of the mount-
ed police*

[20] **Una . . . espaldas:** *A volley of shots cracked behind them.*

—Se escapa uno—rugió ° una voz—. Por ahí,   *roared*
a la izquierda. Síganlo.

Hubo otra descarga.

Julito abrió los brazos y describiendo un semicírculo, cayó de cara al cielo espléndido de la
madrugada.[21]

EJERCICIOS

I. Conteste las preguntas siguientes en clase.

1. Después de leer el cuento, ¿qué significa el
   título "Rebeldes?"
2. ¿Cómo describe el autor a don Marcelino?
3. ¿Qué traen los hombres de la ambulancia?
4. ¿Qué nos indica el trato de los hombres de
   la ambulancia con el muerto?
5. ¿Por qué grita la mujer?
6. En la segunda escena, ¿hay crítica social
   en el comentario que hace Juan sobre las
   siembras que ven? ¿Por qué?
7. ¿Hay muchos rebeldes en las montañas?
   ¿Por qué?
8. ¿Por qué dice Manolo que son impotentes
   para rebelarse?
9. ¿De quién no se sabe?
10. ¿Qué ha pasado realmente cuando una per-
    sona "desaparece?"
11. ¿Por qué hacen crujir el piso los hijos de
    don Marcelino?
12. ¿Qué quiere decir la oración, "Después de
    los gritos, de la gente, pesaba el silencio?"
13. ¿Por qué asisten muchas personas al en-
    tierro de Miguel Ángel?
14. ¿Por qué cogieron preso a don Luis?

---

[21] **cayó . . . madrugada:** *he fell facing the splendid
morning sky.*

15. ¿Por qué decide don Marcelino enviar a sus hijos a las montañas?
16. ¿Qué previno que los jóvenes fueran sorprendidos en su huida?
17. ¿Cuándo llegaron al borde de la montaña?
18. ¿Qué pasó al final?
19. ¿Es justa la muerte de Julito? ¿Por qué?
20. ¿Se puede pensar que este cuento es verídico° o exagerado? ¿Por qué?   *truthful*
21. ¿En qué países de Latino América existe represión política?
22. ¿Por qué parece tan deprimente° este cuento?   *depressing*
23. ¿Cómo se muestra la fe y la esperanza del hombre en este cuento?

II. *Antónimos. De la lista a continuación, sustituya un verbo con significado opuesto al verbo en bastardilla en cada oración. Haga todos los cambios gramaticales necesarios.*

1. Julito *abrió* los brazos al morir.
2. Marcelino *retiró* su pipa de los labios.
3. Isabel *se calmó* después de la inyección.
4. *Sacaron* un bulto del vehículo.
5. Arriba *reanudaron* los pasos.
6. *Arrojaron* el paquete en medio del zaguán.
7. El chofer *preguntó* dónde vivía don Marcelino.
8. La ambulancia *se alejó* rápidamente.

   a. poner en   e. acercarse
   b. meter en   f. cerrar
   c. recoger   g. excitarse
   d. contestar   h. parar

III. Traduzca las oraciones siguientes. Están basadas en oraciones que aparecen en el texto.

1. They are screaming standing by the bundle.
2. After three endless days of walking, we reached the rice field.
3. The pipe slipped out of my hand and fell on the floor.
4. I don't know how many other times.
5. We are struggling to encourage you to rebel.
6. After the screams, there was a deep silence.
7. How many men are left in the mountains?
8. I felt two trembling hands on my arms.

Augusto Monterroso

Guatemala

Augusto Monterroso is a self-educated Guatemalan who has resided in México since 1944. He is a master creator of essays and short stories, as well as a modern Aesop, as exemplified by his book *La oveja negra y demás fábulas*. For this contemporary collection of fables, he was awarded the 1970 Magda Donato literary prize.

Monterroso's fables have an original style which both amuses and intrigues. The characters portrayed by animals with human weaknesses give us another perspective on ourselves.

In the four fables that follow, the student will find deeper meanings with each re-reading.

I. LA FE Y
LAS MONTAÑAS

Al principio° la Fe movía montañas sólo cuando
era absolutamente necesario, con lo que el pai-
saje° permanecía igual a sí mismo durante mi-
lenios.

Pero cuando la Fe comenzó a propagarse y a
la gente le pareció divertida° la idea de mover
montañas, éstas no hacían sino[1] cambiar° de
sitio,° y cada vez era más difícil encontrarlas en
el lugar en que uno las había dejado la noche
anterior;° cosa que por supuesto° creaba más
dificultades que las que resolvía.

La buena gente prefirió entonces abandonar la
Fe y ahora las montañas permanecen por lo general en su sitio.

Cuando en la carretera se produce un derrum-
be° bajo el cual mueren varios viajeros,° es que
alguien, muy lejano° o inmediato, tuvo un li-
gerísimo atisbo de Fe.[2]

at the beginning

landscape

amusing
change
place

before/obviously

landslide/travelers
far away

---

[1] **no hacían sino:** *did nothing but*
[2] **un . . . Fe:** *a little show of Faith.*

II. LA JIRAFA°
QUE DE PRONTO
COMPRENDIÓ QUE
TODO ES RELATIVO

giraffe

Hace mucho tiempo, en un país lejano, vivía una Jirafa de estatura regular° pero tan descuidada° que una vez se salió de la Selva y se perdió. *average/careless*

Desorientada como siempre, se puso° a caminar a tontas y a locas° de aquí para allá, y por más que se agachaba para encontrar el camino[1] no lo encontraba. *she began* *recklessly*

Así deambulando,° llegó a un desfiladero° donde en ese momento tenía lugar una gran batalla. *strolling/canyon*

A pesar de que las bajas eran cuantiosas[2] por ambos bandos, ninguno estaba dispuesto° a ceder un milímetro de terreno. *ready*

Los generales arengaban° a sus tropas con las espadas° en alto, al mismo tiempo que la nieve se teñía de púrpura[3] con la sangre de los heridos. *harangued* *swords*

Entre el humo° y el estrépito° de los cañones se veía desplomarse° a los muertos de uno y otro ejército,° con tiempo apenas para encomendar su alma° al diablo; pero los sobrevivientes° con- *smoke/uproar* *fall* *army* *soul/survivors*

---

[1] **y . . . camino:** *and no matter how much she bent down to find the way*

[2] **A . . . cuantiosas:** *Although casualties were high*

[3] **la . . . púrpura:** *snow turned red*

tinuaban disparando° con entusiasmo hasta que   *shooting*
a ellos también les tocaba y caían con un gesto
estúpido⁴ pero que en su caída consideraban que
la Historia iba a recoger° como heroico, pues   *record*
morían por defender su bandera;° y efectivamente   *flag*
la Historia recogía esos gestos heroicos, tanto la
Historia que recogía los gestos del uno, como la
que recogía los gestos del otro, ya que cada lado°   *side*
escribía su propia° Historia; así, Wellington era   *own*
un héroe para los ingleses y Napoleón era un
héroe para los franceses.

A todo esto,° la Jirafa siguió caminando, hasta   *meantime*
que llegó a una parte del desfiladero en que estaba
montado un enorme Cañón, que en ese preciso instante hizo un disparo exactamente unos veinte
centímetros arriba de su cabeza, más o menos.

Al ver pasar la bala° tan cerca, y mientras   *ball*
seguía con la vista la trayectoria, la Jirafa pensó:

"Qué bueno que no soy tan alta,° pues si mi   *tall*
cuello midiera treinta centímetros más esa bala me
hubiera volado° la cabeza; o bien, qué bueno   *blown off*
que esta parte del desfiladero en que está el
Cañón no es tan baja,° pues si midiera⁵ treinta   *short*
centímetros menos la bala también me hubiera
volado la cabeza. Ahora comprendo que todo es
relativo."

---

⁴ **hasta . . . estúpido:** *until their turn (to die) also
came and they fell with a stupid grimace*
⁵ **pues . . . midiera:** *for if it measured*

III. EL ZORRO°
ES MÁS SABIO°

fox

wiser

Un día que el Zorro estaba muy aburrido y hasta
cierto punto melancólico[1] y sin dinero, decidió
convertirse° en escritor, cosa a la cual se dedicó[2]
inmediatamente, pues odiaba ese tipo de personas
que dicen voy a hacer esto o lo otro y nunca lo
hacen.

to become

Su primer libro resultó° muy bueno, un éxito;° todo el mundo lo aplaudió, y pronto fue
traducido (a veces no muy bien) a los más di-
versos idiomas.

turned out to be
success

El segundo fue todavía mejor que el primero,
y varios profesores norteamericanos de lo más
granado° del mundo académico de aquellos re-
motos días lo comentaron con entusiasmo y aún
escribieron libros sobre los libros que hablaban
de los libros del Zorro.

illustrious

Desde ese momento el Zorro se dio con razón por
satisfecho,[3] y pasaron los años y no publicaba otra
cosa.

Pero los demás empezaron a murmurar y a
repetir "¿Qué pasa con el Zorro?" y cuando lo
encontraban en los cocteles° puntualmente se le
acercaban° a decirle tiene usted que publicar más.

cocktail parties
they would come over to him

---

[1] **y . . . melancólico:** *and even a little depressed*
[2] **cosa . . . dedicó:** *a task which he undertook*
[3] **se . . . satisfecho:** *justifiably deemed himself satis-fied*

—Pero si ya he publicado dos libros—respon-
día él con cansancio.°   *weariness*

—Y muy buenos—le contestaban—; por eso
mismo tiene usted que publicar otro.

El Zorro no lo decía, pero pensaba: "En realidad lo que éstos quieren es que yo publique un
libro malo, pero como soy el Zorro, no lo voy
a hacer."

Y no lo hizo.

IV. EL CONEJO° °rabbit
Y EL LEÓN

Un célebre ° Psicoanalista se encontró cierto día *famous*
en medio de la Selva, semiperdido.° *half-lost*
   Con la fuerza ° que dan el instinto y el afán ° *strength/zeal*
de investigación logró ° fácilmente subirse a un *he managed*
altísimo árbol, desde el cual pudo observar a su
antojo ° no sólo la lenta puesta del sol sino ade- *pleasure*
más la vida y costumbres de algunos animales, que
comparó una y otra vez con las de los humanos.
   Al caer la tarde vio aparecer, por un lado, al
Conejo; por otro, al León.
   En un principio no sucedió nada digno de
mencionarse, pero poco después ambos animales
sintieron sus respectivas presencias y, cuando
toparon ° el uno con el otro, cada cual reaccionó *they ran into*
como lo había venido haciendo[1] desde que el
hombre era hombre.
   El León estremeció ° la Selva con sus rugidos,° *made to tremble/*
                                                    roars
sacudió ° la melena ° majestuosamente como era *shook/mane*
su costumbre y hendió ° el aire con sus garras ° *split/claws*
enormes; por su parte, el Conejo respiró ° con *breathed*
mayor celeridad,° vio un instante a los ojos del *speed*
León, dio media vuelta y se alejó corriendo.
   De regreso a la ciudad el célebre Psicoanalista
publicó *cum laude* su famoso tratado ° en que *treatise*
demuestra que el León es el animal más infantil
y cobarde de la Selva, y el Conejo el más valiente

[1] **como . . . haciendo:** *as he had been doing*

y maduro: el León ruge y hace gestos y amenaza
al universo movido por el miedo;° el Conejo   *fear*
advierte° esto, conoce su propia fuerza, y se   *notices*
retira antes de perder la paciencia y acabar con
aquel ser extravagante y fuera de sí,° al que   *deranged*
comprende y que después de todo no le ha hecho
nada.

EJERCICIOS

I. Conteste las preguntas siguientes en clase.

I. LA FE Y LAS MONTAÑAS

1. ¿Cuándo movía montañas la Fe?
2. ¿Qué pasaba cuando la gente se entretenía
   moviendo montañas?
3. Al abandonar la gente la Fe, ¿qué ocurrió
   con las montañas?
4. Según Monterroso, ¿por qué ocurren de-
   rrumbes hoy en día?
5. ¿Qué quiere decir esta fábula?
6. ¿Tiene razón el autor?

II. LA JIRAFA QUE DE PRONTO COMPREN-
DIÓ QUE TODO ES RELATIVO

1. ¿Por qué se perdió la Jirafa?
2. Cuando llegó al desfiladero, ¿qué pasaba?
3. ¿Cuál de los bandos estaba ganando la batalla?
4. ¿Cuál es la opinión del autor sobre cómo
   se escribe la Historia?
5. ¿En qué sentido expresa Monterroso crítica
   a la guerra en esta fábula?
6. ¿Por qué decide la Jirafa que todo es relativo?

7. Nombre dos lecciones morales contenidas en esta fábula.
8. ¿Qué representa la bandera en esta fábula?

III. EL ZORRO ES MÁS SABIO

1. ¿Qué decidió el Zorro un día?
2. ¿A qué tipo de persona odiaba?
3. ¿Tuvo éxito como escritor?
4. ¿Qué decisión tomó al final?
5. ¿Qué tipo de persona representa el Zorro?
6. ¿Qué opina Monterroso sobre los que escribían "libros sobre los libros que hablaban de los libros del Zorro"?
7. ¿Se justifica esta opinión de Monterroso?

IV. EL CONEJO Y EL LEÓN

1. ¿Cómo se encontró cierto día el Psicoanalista?
2. ¿A quiénes vio al caer la tarde?
3. ¿Cómo reaccionaron el León y el Conejo cuando se toparon?
4. ¿Qué hizo el Psicoanalista al regresar a la ciudad?
5. ¿Es verdad la conclusión del Psicoanalista?
6. ¿A quién se critica en esta fábula?

II. Sinónimos. De la lista a continuación, sustituya un verbo similar en significado al verbo en bastardilla en cada oración. Haga todos los cambios gramaticales necesarios.

1. Un célebre Psicoanalista se *encontró* en medio de la selva.
2. Los muertos se *desplomaban* por todos lados.

3. El famoso tratado *demuestra* que el León es un ser infantil.
4. El paisaje *permanecía* siempre igual.
   a. caer   c. verse
   b. probar   d. mantenerse

III. Traduzca las oraciones siguientes. Están basadas en oraciones que aparecen en el texto.

1. Many travelers died under a landslide.
2. You will have time to commend your soul to God.
3. Every one was talking about the book he published.
4. One day when I was bored, I decided to become a writer.
5. He observed the rabbit and the lion from the tree.
6. Each side wrote its own heroic deeds.
7. The battle was taking place in the canyon.

Julio Cortázar

Argentina

Cortázar was born in Belgium of Argentinean parents in 1914. He lived and worked as a teacher in Argentina until differences with the Perón dictatorship compelled him to emigrate to Paris in 1950. Since then he has worked in Paris as a UNESCO translator. He has risen to literary prominence in the years since the publication of his novel *Rayuela* in 1963. Presently he is one of the most highly regarded prose writers in Spanish America. The noted Italian movie director Michelangelo Antonioni brought one of his short stories to the screen under the title *Blow-up*.

The following selection, *Continuidad de los parques,* was published in his book *Final del juego* (1964). In it, Cortázar treats fantasy and reality in an original way; time and space become just an illusion.

CONTINUIDAD
DE LOS PARQUES

Había empezado a leer la novela unos días antes.
La abandonó por negocios urgentes, volvió a abrirla cuando regresaba en tren a la finca;° se dejaba   *farm*
interesar lentamente por la trama,° por el di-   *plot*
bujo° de los personajes. Esa tarde, después de   *drawing*
escribir una carta a su apoderado° y discutir   *attorney*
con el mayordomo° una cuestión de aparcerías,°   *butler/business*
volvió al libro en la tranquilidad del estudio que
miraba hacia el parque de los robles.° Arrella-   *oak trees*
nado° en su sillón favorito, de espaldas a la puerta   *sprawled*
que lo hubiera molestado como una irritante posi-
bilidad de intrusiones, dejó que su mano izquierda
acariciara una y otra vez el terciopelo° verde y se   *velvet*
puso a leer los últimos capítulos. Su memoria re-
tenía sin esfuerzo los nombres y las imágenes de los
protagonistas; la ilusión novelesca lo ganó casi en
seguida. Gozaba del placer casi perverso de irse
desgajando° línea a línea de lo que lo rodeaba,°   *tear himself away/ surrounded*
y sentir a la vez que su cabeza descansaba cómo-
damente° en el terciopelo del alto respaldo,° que   *comfortably/back*
los cigarrillos seguían al alcance de la mano, que
más allá de los ventanales danzaba el aire del
atardecer° bajo los robles. Palabra a palabra,   *dusk*
absorbido por la sórdida disyuntiva° de los héroes,   *dilemma*
dejándose ir hacia las imágenes que se concer-
taban° y adquirían color y movimiento, fue testigo   *formed a pattern*
del último encuentro en la cabaña del monte.

Primero entraba la mujer, recelosa;° ahora llegaba el amante,° lastimada° la cara por el chicotazo° de una rama. Admirablemente restañaba° ella la sangre con sus besos, pero él rechazaba° las caricias, no había venido para repetir las ceremonias de una pasión secreta, protegida por un mundo de hojas secas y senderos° furtivos. El puñal° se entibiaba contra su pecho, y debajo latía la libertad agazapada.[1] Un diálogo anhelante° corría por las páginas como un arroyo° de serpientes, y se sentía que todo estaba decidido desde siempre. Hasta esas caricias que enredaban° el cuerpo del amante como queriendo retenerlo y disuadirlo, dibujaban° abominablemente la figura de otro cuerpo que era necesario destruir. Nada había sido olvidado: coartadas,° azares,° posibles errores. A partir de° esa hora cada instante tenía su empleo minuciosamente atribuido. El doble repaso° despiadado° se interrumpía apenas para que una mano acariciara una mejilla.° Empezaba a anochecer.

Sin mirarse ya, atados° rígidamente a la tarea° que los esperaba, se separaron en la puerta de la cabaña. Ella debía seguir por la senda que iba al norte. Desde la senda opuesta él se volvió un instante para verla correr con el pelo suelto.° Corrió a su vez,° parapetándose° en los árboles y los setos,° hasta distinguir en la bruma malva del crepúsculo la alameda[2] que llevaba a la casa. Los perros no debían ladrar,° y no ladraron. El mayordomo no estaría a esa hora, y no estaba. Subió los tres peldaños° del porche y entró. Desde la sangre galopando en sus oídos le llegaban las palabras de la mujer: primero una sala azul, después una galería, una escalera alfombrada.° En lo

Margin glosses: apprehensive · lover/injured/blow · stopped · repelled · paths · dagger · breathless/creek · entangled · sketched · alibis/unforeseen events · from · check/relentless · cheek · tied/task · loose · he also ran/hiding · hedges · bark · steps · carpeted

[1] **El . . . agazapada:** *The dagger next to his chest got warm, and under it beat his heart with liberty crouched in waiting.*

[2] **hasta . . . alameda:** *till able to see the tree-lined drive in the pale violet mist of twilight*

alto dos puertas. Nadie en la primera habitación, nadie en la segunda. La puerta del salón, y entonces el puñal en la mano, la luz de los ventanales, el alto respaldo de un sillón de terciopelo verde, la cabeza del hombre en el sillón leyendo una novela.

EJERCICIOS

I. Conteste las preguntas siguientes en clase.

1. ¿Cuándo empezó a leer la novela?
2. ¿Por qué la abandonó?
3. ¿Cuándo volvió a abrirla?
4. ¿Qué había hecho esa tarde?
5. ¿Dónde se sentó cuando volvió al libro?
6. ¿De qué fue testigo en la novela?
7. ¿Qué le había pasado al amante en la cara?
8. ¿Qué tenía el amante contra su pecho?
9. ¿Qué era necesario destruir?
10. ¿Dónde se separaron?
11. ¿Dónde se parapeteaba el amante?
12. ¿Entró sin dificultad en la casa?
13. ¿Por qué es inesperado el final?
14. ¿Cuál es el propósito del autor en este cuento?
15. ¿Qué nos quiere decir el autor con el título de este cuento?

II. ¿Son verdaderas o falsas las oraciones siguientes?

1. El hombre dejó de leer la novela porque estaba aburrido.
2. Volvió a leer la novela sentado de espaldas a la puerta.

3. Le costaba mucho trabajo poderse concentrar en la novela.

4. La última reunión de los amantes fue en la casa grande.

5. La mujer se había herido la cara con una rama.

6. Los perros ladraron cuando vieron al amante.

7. Habían planeado todo meticulosamente.

8. Pensaban matar al esposo con un revólver.

III. *Traduzca las oraciones siguientes. Están basadas en oraciones que aparecen en el texto.*

1. He had to abandon the novel due to an urgent piece of business.

2. His hand caressed the green velvet.

3. The meeting took place in the cabin.

4. The lover was going to destroy the man.

5. She turned and saw me in the fog.

6. They separated at nightfall.

Virgilio
Díaz Grullón

República Dominicana

Díaz Grullón was born in Santiago de los Caba-
lleros in 1924. He graduated from Universidad
Autónoma de Santo Domingo with a Doctor of
Jurisprudence degree. As an active member of
the opposition during the Trujillo regime, he was
persecuted and incarcerated. For the past few
years he has been working in Washington, D.C.,
at the Inter-American Development Bank. He has
recently returned to the Dominican Republic.

In 1958 Díaz Grullón was awarded the Premio
Nacional de Literatura in the Dominican Republic
for *Un día cualquiera,* his first book of short stories. His work has been published extensively in
international newspapers and magazines.

Crónica policial, more than a detective story,
is a delightful account of conflicting views surrounding a murder investigation. In it, Díaz Grullón shows himself a fine storyteller with a tremen-
dous sense of humor.

CRÓNICA POLICIAL

Tan pronto llegué a la redacción° del periódico° aquella mañana lluviosa° de junio, el director° me llamó a su despacho° y, sin levantar la vista de las pruebas de imprenta[1] que tenía sobre el escritorio, me dijo:

—Hay un muerto en la calle de la Cruz, No. 104. Ve con un fotógrafo y prepara el reportaje para la edición de esta tarde.

—Bien—respondí, y salí de inmediato a cumplir° sus instrucciones, porque mi jefe es hombre de acción y no le gusta que nadie desperdicie° el tiempo que paga religiosamente cada fin de mes.

Como Guillermo fue el primer fotógrafo disponible° que encontré, me lo llevé y tomamos juntos un taxi que nos llevó en pocos minutos al No. 104 de la calle de la Cruz.

La casa era modesta, de una sola planta,° construida de madera y con una galería estrecha° en el frente que rebosaba° de curiosos, empujados° por ese instinto que nos impulsa a acercarnos morbosamente° a la tragedia.[2]

Guillermo y yo nos abrimos paso gracias un poco a nuestra credencial de periodistas y otro a base de empellones y codazos.[3] A través de la marejada° humana, pasamos por la sala, el come-

newsroom/newspaper
rainy/editor
office

to carry out

waste

available

floor
narrow
was overflowing/ pushed

morbidly

sea

[1] **sin . . . imprenta:** *without lifting his eyes from the galley proofs*
[2] **empujados . . . tragedia:** *pushed by that instinct that makes us want to witness a tragedy.*
[3] **y otro . . . codazos:** *and also thanks to our shoving and elbowing.*

dor y una pequeña terraza posterior, y desembocamos en el patio. En el centro, tirado de espaldas ° en el suelo, con las piernas separadas en actitud inverosímil ° y los brazos en cruz, estaba el muerto, rodeado por algunos agentes de la policía y dos hombres vestidos de civil que se inclinaban sobre el cuerpo yacente.[4]

lying down on his back
unlikely

Eché una ligera ojeada sin acercarme demasiado,[5] porque no me gusta contemplar cadáveres, y reparé ° que el muerto era de edad madura y corpulento, y que vestía pantalón y camisa blanca que la lluvia de la mañana había pegado a su cuerpo y salpicado de manchas de fango rojizo.[6]

I noticed

Mientras Guillermo buscaba el ángulo más apropiado para fotografiar al cadáver y las personas que lo rodeaban adoptaban las posturas más convenientes,° me dirigí a una señora entrada en años ° que observaba impasible la escena desde la terraza.

appropriate
elderly

—¿Es usted de la casa?—le pregunté.

—Sí, señor . . . Por lo menos ° lo fui hace algún tiempo.

at least

—¿Pariente del difunto? °

deceased

—Su hermana.

—¡Ah, caramba!,° lo siento mucho . . . Soy periodista, ¿sabe? . . . ¿Puede informarme algo de interés para la prensa?

darn it!

Me miró con un atisbo ° de desconfianza ° en los ojos, pero se le notaba ° que no le disgustaría ° ver su nombre en las columnas de un periódico.

hint/distrust
one could see/
displease

—¿Qué quiere saber?

—Todo. Acabo de llegar y no estoy enterado ° de nada . . . ¿Cómo se llamaba su hermano, a

informed

---

[4] **vestidos . . . yacente:** *dressed in civilian clothes who were bending over the stretched-out body.*

[5] **Eché . . . demasiado:** *I took a look without getting too close*

[6] **lluvia . . . rojizo:** *morning rain had adhered to his body and splattered it with spots of reddish mud.*

qué ocupación se dedicaba,[7] cuál fue la causa de
su muerte? . . .

Me interrumpió diciéndome fríamente:

—Su nombre era Arquímedes, Arquímedes
Sandoval Guerra. Era comerciante y murió asesinado.

—¿Asesinado?

—Sí, asesinado. Cobardemente asesinado por
esa mujer.

—¿Qué mujer?

—La malvada ° con quien se casó. °   wicked woman/
                                       he married

—¿La esposa? ¿Y ya ha sido detenida?

—No, todavía no. No sé qué espera ° la po-   are waiting for
licía para llevársela. La tienen en su habitación, °   room
bajo custodia.

—¿Y por qué lo mató?

—Es una historia larga . . . Mi pobre hermano siempre fue víctima de esa mujer. Todos nosos-
tros le aconsejamos ° que no se casara con ella: advised
él le llevaba más de veinte años.[8] Pero siempre
fue terco ° como una mula. La mujer lo dominó °   stubborn/dominated
desde el primer momento, y sólo veía por sus
ojos.[9] Ya en el primer mes de matrimonio comenzó a engañarlo descaradamente.[10] Yo se lo adver-
tí ° entonces, porque en aquel tiempo vivía con   I warned
ellos y me daba cuenta de todo . . . ¿Sabe lo
que hizo mi hermano? . . .

Como yo realmente no lo sabía, se lo confesé
abiertamente y entonces ella prosiguió:

—Me echó ° de la casa. ¿Se da cuenta?—se   he kicked me out
golpeó el pecho [11]—A mí, a su propia hermana.
No creyó una sola palabra de cuanto le dije y me

---

[7] **a . . . dedicaba:** *what was his occupation?*

[8] **él . . . años:** *he was more than twenty years older.*

[9] **sólo . . . ojos:** *he only saw through her eyes.*

[10] **comenzó . . . descaradamente:** *she began to deceive
him shamelessly.*

[11] **se . . . pecho:** *she tapped herself on the chest* (for
emphasis)

llenó° de insultos. Desde aquel día no había vuelto a poner los pies en esta casa hasta hoy . . . y ya es demasiado tarde: Arquímedes murió sin abrir los ojos. Esa malvada lo asesinó antes de que él pudiera convencerse de que era yo quien tenía la razón . . .   *he showered*

Le di las gracias a la buena mujer y me separé de ella, porque alcancé° a ver en aquel momento a mi amigo Mario, el ayudante del Fiscal,[12] saliendo hacia el patio desde una habitación de la casa.   *I was able*

—¡Hola!, Mario, ¿confesó la asesina?

—Que quién confesó qué—. Mi amigo no parecía estar de muy buen humor.

—La esposa del muerto—repuse°—. ¿No estabas interrogándola hace un momento?   *I answered*

—Sí, en efecto, estaba haciéndole algunas preguntas. Pero, ¿de dónde sacas° que ella mató a su marido?   *you deduce*

—Pues . . . eso oí decir hace un momento. ¿Puedo verla?

—No hay inconveniente.[13] Está allí, en aquella habitación.

Seguí la dirección que me indicaba con la mano, y después de tocar suavemente con los nudillos° en la puerta, la abrí y entré en la habitación.   *knuckles*

Había allí dos mujeres. La más joven, sentada en una mecedora con la frente° apoyada en la mano, se dejaba consolar por una señora mayor que le acariciaba el pelo.[14]   *forehead*

—Perdón . . . Soy periodista, ¿puedo conversar un momento con usted, señora?—expliqué mirando a la que me parecía más afligida° de las dos.   *upset*

[12] **el . . . Fiscal:** *the assistant of the district attorney*
[13] **No . . . inconveniente:** *It's all right with me.*
[14] **La . . . pelo:** *The youngest one, who was seated in a rocking chair with her face resting in her hands, was being consoled by an older woman who was caressing her hair.*

Ella asintió con un movimiento de cabeza, pero la otra dijo, poniendo cara de disgusto: °   *annoyance*

—Periodista, ¿eh? De los que les gusta meterse en vidas ajenas y averiguar cosas que no les importan, ¿no?[15] Y volviéndose a la joven:—No le digas nada. Son unos enredadores ° y unos embusteros.° ¡Sabe Dios qué mentiras va a publicar después en el periódico! . . .   *troublemakers* / *liars*

—Pero, mamá. Déjalo que me pregunte. Yo no tengo nada que ocultar y, además, cuando sucede ° una desgracia ° como ésta, no se puede evitar ° la publicidad. Y volviéndose a mí; agregó: °   *takes place* / *tragedy/avoid* / *she added*
—Por favor, tome asiento. ¿Qué desea saber?

Me senté en un extremo de la cama, frente a ella, pensando que era preferible iniciar el interrogatorio de manera indirecta.

—Ante todo, señora: ¿Cuánto tiempo hacía que estaba casada con[16] el señor Sandoval?

—Dos años y tres meses.

—¿Y fue usted feliz durante su matrimonio?

—Perfectamente feliz. Arquímedes fue siempre un modelo de esposo: gentil, complaciente, bondadoso ° . . . Jamás tuve motivos de queja contra él.[17]   *kind*

—Y ¿se amaban mucho ustedes?

—Eramos una pareja ° perfecta. Jamás tuvimos disgustos y nos queríamos profundamente. No alcanzo a imaginarme . . .   *couple*

—¿Y a qué atribuye usted la muerte de su esposo?

—¡Ah! ¿Pero usted no sabe? . . . Arquímedes se suicidó.

—¿Se suicidó? . . . ¿Por qué motivo?

—Los negocios ° . . . Últimamente había te-   *business*

[15] **De . . . no?:** *You are one of those who like to meddle with other people's lives and to find out things which are none of their business, aren't you?*

[16] **¿Cuánto . . . con:** *How long had you been married to*

[17] **Jamás . . . él:** *I never had a complaint against him.*

nido mala suerte y estaba al borde de la quiebra.[18]
Él, que había vivido siempre, si no con lujos, por
lo menos acomodadamente,° no pudo resistir la   *comfortably*
perspectiva de una estrechez económica[19] . . .

La joven bajó la cabeza y se enjugó° de la   *she dried*
mejilla algo que me pareció una lágrima. Me puse
en pie, le expresé correctamente mis condolencias
y me despedí.°   *I said goodbye*

En el umbral° me alcanzó la madre y salió   *threshold*
conmigo hacia la terraza. Tomándome de un brazo
me llevó a un rincón° y me dijo: *corner*

—No quería hablar delante de ella . . . En su
estado, la pobrecita no debe enterarse bruscamente,[20] sino más tarde y poco a poco . . . Pero
es necesario que usted lo sepa: mi yerno° no se   *son-in-law*
suicidó . . .

—¡Ah! ¿No?

—No, Arquímedes no hubiera sido capaz de
abandonar de esta manera a su mujer . . . Mi
pobre yerno fue asesinado.

—¿Asesinado? ¿Y por quién?

La mujer bajó la voz y señaló con disimulo:

—La culpable está allí, mírela usted: es aquélla,
vestida° de negro.   *dressed*

Volví la cara y eché un vistazo hacia mi pri-
mera informante, que nos miraba ceñuda,° desde   *frowning*
la terraza.

—¿La hermana del difunto?—pregunté asom-
brado.

—Sí. Ella misma. Ya la he denunciado al Fiscal.
Está loca y siempre tuvo unos celos enfermizos°   *an unhealthy jealousy*
de mi pobre hija . . . Estaba enamorada de su
propio hermano . . . Incesto, ¿sabe? . . . Una
mujer completamente anormal y peligrosa,° muy   *dangerous*
peligrosa . . .

Quedé mudo,° mirando sucesivamente a ambas   *speechless*

[18] **estaba . . . quiebra:** *he was about to go bankrupt.*
[19] **estrechez económica:** *tight economic situation.*
[20] **En . . . bruscamente:** *In the state that the poor
girl is in, she shouldn't find out abruptly*

mujeres. Por suerte en aquel preciso instante pasó por mi lado Mario, y excusándome con la señora, me emparejé° con el representante del Ministerio Público y entré en el interior de la casa en busca de la salida hacia la calle.

I caught up

—Caso complicado éste, ¿verdad?—comenté.

El ayudante del Fiscal se volvió hacia mí con ojos abiertos de asombro.°

amazement

—¿Complicado? ¡No, hombre! Ya tenemos al culpable casi desenmascarado.°

unmasked

—¿No me digas?—repuse, ya algo escéptico.°

skeptical

—¿Y quién es?

—La suegra ° de la víctima. Es una mujer capaz de todo. No hice más que mirarla y me di cuenta de que era la única culpable. ¿No te has fijado en ° sus ojos? No respondí. Me hice la decisión de no pronunciar una sola palabra más dentro° de aquella casa.

mother-in-law

haven't you noticed

inside

Guillermo me esperaba afuera, con la cámara fotográfica al hombro. Al tomar el taxi que nos conduciría de regreso a la redacción, me hundí en el asiento y me eché° el sombrero en la cara mientras mi compañero me informaba:

I put

—Parece ° que ya cogieron ° al hombre.

It seems/they caught

—¿A quién?—Tenía un miedo horrible de oír la respuesta, pero no pude evitar percibirla claramente:

—¿A quién va a ser . . .? Al asesino: un tío de la víctima . . . Naturalmente, no escribí el reportaje, y esa misma tarde renuncié ° del periódico.

I resigned

EJERCICIOS

I. Conteste las preguntas siguientes en clase.

1. ¿Qué le dijo el director al periodista?
2. ¿Por qué salió de inmediato del despacho de su jefe?

3. ¿Con quién fue a la calle de la Cruz No. 104?
4. ¿Cómo era el muerto y qué vestía?
5. ¿A quién interrogó primero?
6. ¿Qué cree la hermana?
7. ¿Cree la hermana que el difunto debía haberse casado? ¿Por qué?
8. ¿A quién fue la segunda persona que interrogó?
9. ¿Cómo piensa la mamá de la esposa que son los periodistas?
10. Según la esposa, ¿cómo había sido su matrimonio?
11. ¿Por qué piensa la esposa que el marido se suicidó?
12. ¿Qué teoría sobre la muerte del yerno tiene la mamá de la esposa?
13. ¿Qué cree el ayudante del Fiscal?
14. Al final, ¿a quién dice Guillermo que cogieron?
15. ¿Por qué renuncia a su trabajo el periodista?
16. ¿En qué sentido es este cuento igual a un cuento policíaco?
17. ¿En qué sentido es completamente diferente?
18. ¿Hay alguna crítica social en este cuento?

II. Sinónimos. De la lista a continuación, sustituya un verbo o una palabra similar en significado al verbo o a la palabra en bastardilla en cada oración. Haga todos los cambios gramaticales necesarios.

1. La madre *aconsejó* a su hija que no dijera nada.
2. El *policía* veía a todo el mundo con desconfianza.

3. *Llegué* a la redacción del periódico a las siete de la mañana.
4. ¿A qué hora ocurrió la *tragedia?*
5. No había manera de *consolar* a la esposa.
6. El jefe me llamó a su *oficina.*
7. ¿Cómo murió el *difunto?*
8. Cuando *sucede* una cosa, todo el mundo lo sabe.
9. El *periodista* no escribió el reportaje.
10. ¿Pudo *averiguar* la policía quién era el asesino?

a. despacho
b. venir
c. desgracia
d. calmar
e. detective
f. descubrir
g. reportero
h. pasar
i. muerto
j. recomendar

III. Traduzca las oraciones siguientes. Están basadas en oraciones que aparecen en el texto.

1. Are you a relative of the deceased?
2. I cleared the way thanks to my newspaper-man's credentials.
3. They realized that she was the guilty one.
4. I was jealous of her.
5. Our business is about to go bankrupt.
6. He's stubborn as a mule.
7. The editor is calling him to the newsroom.
8. Guillermo was the only photographer that he found.
9. They are a bunch of liars and troublemakers.
10. She advised me not to marry him.

Adolfo
Bioy Casares

Argentina

Buenos Aires has long been known throughout the
Hispanic world as the capital of the short story.
Bioy Casares, born in 1914 and one of the best
Argentinean writers, owes his reputation mainly to
this genre. He is a master of the magical realism
movement, an example of which is his *La pasajera
de primera clase,* an unusual short story that was
published for the first time in his *Historias fan-
tásticas* (1972).

The story begins under ordinary circumstances,
but the mood of the tale changes once the lady
passenger begins her strange narration. Notice how
fantasy and reality are intermingled, and what is
introduced as objective reality becomes fantasy.
The supernatural, to Bioy Casares, is a mere acci-
dental happening in everyday life.

LA PASAJERA DE PRIMERA CLASE

En aquella ciudad tropical, modesto emporio° al que llegaban ocasionales compradores enviados° por compañías tabacaleras,° la vida se deslizaba monótonamente. Cuando algún barco fondeaba° en el puerto, nuestro cónsul festejaba° el acontecimiento° con un banquete en el salón morisco° del hotel Palmas. El invitado de honor era siempre el capitán, a quien el negrito del consulado llevaba la invitación abordo,° con el ruego que la extendiera a un grupo, elegido por él, de oficiales y pasajeros. Aunque la mesa descollaba° por lo magnífica, el calor húmedo volvía desabridos,° y hasta sospechosos, los más complicados productos del arte culinario, de modo que únicamente mantenía allí su atractivo la fruta; mejor dicho, la fruta y el alcohol, según lo prueban los testimonios de viajeros que no olvidan un prestigioso vino blanco, ni las expansiones,° presuntamente divertidas, que suscitaba.° En el curso de uno de esos almuerzos, nuestro cónsul oyó, de los propios labios de la turista—una acaudalada° señora, entrada en años, de carácter firme, aspecto desenvuelto° y holgada° ropa inglesa—la siguiente explicación o historia:

—Yo viajo en primera clase, pero reconozco sin discusión que hoy todas las ventajas° favorecen al pasajero de segunda. Ante todo, el precio del

° trading center
° sent
° tobacco
° cast anchor
° celebrated
° event/Moorish

° on board

° excelled
° bad in taste

° recreation
° it stirred

° rich

° mundane/comfortable

° advantages

pasaje, que es un capítulo importante. Las comidas, quién lo ignora, salen de la misma cocina, preparadas por los mismos cocineros, para primera y segunda, pero sin duda por la preferencia de la tripulación° por las clases populares, los manjares° más exquisitos y los más frescos invariablemente se encaminan al[1] comedor de segunda. En cuanto a la referida preferencia por las clases populares, no se llame a engaño,[2] no tiene nada de natural; la inculcaron escritores y periodistas, individuos a los que todo el mundo escucha con incredulidad y desconfianza, pero que a fuerza de tesón° a la larga convencen. Como la segunda clase lleva el pasaje completo y la primera va prácticamente vacía, usted casi no encuentra camareros° en primera y, por lo mismo, la atención es tan superior en segunda.

   Me creerá si le aseguro° que yo no espero nada de la vida; de todos modos me gusta la animación, la gente linda y joven. Y ahora le confiaré un secreto: por más que porfiemos° en contra, la belleza y la juventud son la misma cosa; no por nada las viejas como yo, si un muchacho entra en juego, perdemos la cabeza. La gente joven— para volver a esta cuestión de las clases—viaja toda en segunda. En primera, los bailes, cuando los hay, parecen de cadáveres resucitados, que se han echado encima la mejor ropa y todo el alhajero,° para celebrar debidamente la noche. Lo más lógico sería que a las doce en punto cada cual° se volviera a su tumba, ya medio pulverizado. Es claro que nosotros podemos asistir a las fiestas de segunda, aunque para eso habría que prescindir° de toda sensibilidad,° porque los que viven allá abajo nos miran como si nos creyéramos otras tantas testas° coronadas,° de visita en los barrios pobres. Los de segunda se presentan, cuando se les

crew

delicacies

tenacity

stewards

I assure

we insist

jewel box

each one

put aside
sensitivity

heads/crowned

[1] **se . . . al:** *are intended for the*
[2] **no . . . engaño:** *believe me*

da la gana,[3] en primera y nadie, ninguna autoridad, les opone una barrera odiosa, que la sociedad unánimemente descartó,° hace algún tiempo. Estas visitas de la gente de segunda son bien recibidas por nosotros, los de primera, que moderamos nuestros agasajos ° y efusividad para que los ocasionales huéspedes ° no descubran que los identificamos, en el acto,° como de la otra clase—una clase que mientras dura el viaje constituye su más auténtico orgullo °—y tomen ofensa. Nos alegran menos con su visita cuando se trata de las incursiones o irrupciones ° que por lo general ocurren antes del amanecer, verdaderas indiadas ° en que los invasores empedernidamente ° se dedican a buscar algún pasajero, ¡a cualquiera de nosotros!, que no cerró bien la puerta de su camarote,° o que se demoró ° afuera, en el bar, en la biblioteca o en el salón de música; le juro, señor, que esos muchachos lo agarran ° sin mayores miramientos,° lo llevan al puente o *promenade* y lo arrojan ° por la borda ° a la negra inmensidad del mar, iluminada por la impasible luna, como dijo un gran poeta, y poblado por los terroríficos monstruos de nuestra imaginación. Todas las mañanas los pasajeros de primera nos miramos con ojos que están a las claras comentando: "Así que a usted todavía no le ha tocado."[4] Por decoro ° nadie menciona a los desaparecidos; también por prudencia, ya que según versiones, tal vez infundadas—hay un agrado truculento en asustarse,[5] en suponer que la organización del adversario es perfecta—los de segunda mantendrían ° una red ° de espías entre nosotros. Como le dije hace un rato, nuestra clase perdió todas las ventajas, incluso las del *snobismo* (que a semejanza del oro,

discarded

attentions
guests
immediately

pride

invasions
Indian attacks
obstinately

cabin
took too long

they grab
circumspection
they throw/overboard

dignity

probably maintained / net

---

[3] **cuando . . . gana:** *whenever they feel like it*
[4] **a las claras . . . tocado:** *clearly saying: "So your turn hasn't come yet."*
[5] **hay . . . asustarse:** *there is a terrifying pleasure in becoming scared*

conserva su valor), pero yo, por algún defecto, a
lo mejor° incurable en gente de mi edad, no me   *probably*
avengo a⁶ convertirme en pasajera de segunda.

EJERCICIOS

I. *Conteste las preguntas siguientes en clase.*

1. ¿Dónde estaba la ciudad del cuento?
2. ¿Cómo era allí la vida?
3. ¿Qué hacía el cónsul cuando un barco llegaba al puerto?
4. ¿Quiénes eran invitados al banquete?
5. ¿Qué dos cosas eran atractivas durante el almuerzo?
6. ¿Cómo era la señora que empieza a contar la historia?
7. ¿Qué reconoce la señora?
8. ¿Qué dice con respecto a las comidas?
9. ¿En qué clases hay más camareros y por qué?
10. ¿Qué tipo de gente le gusta a la señora?
11. ¿En qué clase son mejores los bailes? ¿Por qué?
12. Cuando visitan los de segunda a los de primera, ¿por qué moderan los de primera sus agasajos?
13. ¿Qué hacen los de segunda en sus incursiones?
14. ¿Qué hacen los pasajeros de primera por la mañana?
15. ¿Por cuáles dos razones nadie menciona a los desaparecidos?
16. Según la pasajera, ¿en qué se parece el snobismo al oro?
17. ¿Qué cosas hay irreales en este cuento?
18. ¿En qué sentido es original el autor?

⁶ **no . . . a:** *I cannot reconcile myself*

II. Sinónimos. De la lista a continuación, sustituya un verbo o una palabra similar en significado al verbo o a la palabra en bastardilla en cada oración. Haga todos los cambios gramaticales necesarios.

1. Esa señora *rica* siempre viajaba en primera clase.
2. Los *platos* más exquisitos los llevan al comedor de segunda.
3. Los periodistas convencen a fuerza de *tenacidad*.
4. Le *juro* que yo no espero nada de la vida.
5. Casi nadie encuentra *sirvientes* en primera clase.
6. La sociedad ha *renunciado* al snobismo porque está fuera de lugar en un mundo democrático.
7. Se *tardó* mucho tiempo en el bar y salió demasiado alegre.
8. Los asesinos *tiraron* a su víctima por la ventana del quinto piso.
9. La vida se *pasa* monótonamente en esa ciudad tropical.
10. Los *invitados* se quedaron hasta muy tarde.

a. deslizar e. arrojar h. asegurar
b. camarero f. tesón i. descartar
c. demorar g. acaudalado j. manjar
d. huésped

III. Complete las oraciones siguientes con palabras tomadas de la lista a continuación. Haga todos los cambios gramaticales necesarios.

1. _____ las cartas por correo aéreo.
2. La fiesta del cónsul fue un verdadero _____.

3. Se veía que la señora era rica por su aspecto _____ y buena ropa.

4. La _____ de un barco incluye al capitán, a los oficiales y a los marineros.

5. La señora no estaba tratando de _____ a los invitados con su historia.

6. No podemos _____ de Hortensia porque es una mujer muy capaz.

7. Su _____ es una máscara para protegerse de todo el mundo.

8. Los _____ del barco eran muy pequeños.

9. _____ a tres oficiales y al capitán y los echaron al agua.

10. Por _____ nadie menciona a su padre que era alcohólico.

a. enviar	f. prescindir
b. orgullo	g. desenvuelto
c. engañar	h. tripulación
d. decoro	i. acontecimento
e. camarote	j. agarrar

IV. ¿Son verdaderas o falsas las oraciones siguientes?

1. Según la señora, los bailes en primera clase parecen de cadáveres resucitados.

2. Echaron al mar durante el viaje a cinco pasajeros de primera clase.

3. Las comidas del cónsul eran excelentes.

4. La tripulación prefería tratar con los pasajeros de segunda clase porque les daban muchas propinas.

5. La señora piensa viajar en segunda clase su próximo viaje.

6. A los pasajeros de primera les gusta asistir a los bailes de segunda.

7. La primera clase perdió todas las ventajas; ni les queda el snobismo.

8. De acuerdo con la pasajera, la belleza y la juventud son la misma cosa.

9. No se les permite a los pasajeros de segunda asistir a las fiestas de los de primera clase.

10. La vida en aquella ciudad era muy agitada.

Manuel del Toro

Puerto Rico

Manuel del Toro, before graduating from the University of Puerto Rico with a degree in business administration, held all types of jobs: at stores, banks, newspapers, and as a government employee. This contact with people of different socioeconomic levels has given him a deep insight into the psychology of the masses.

Although he has written relatively little, *Mi padre* has become a Puerto Rican classic. The story, narrated by a young boy, develops in a sure style that is spectacular but quite realistic. Del Toro demonstrates excellent talent for presenting the unexpected and depicting life in neighborhoods where only the strongest survive.

MI PADRE

De niño siempre tuve el temor ° de que mi padre   *fear*
fuera un cobarde. ° No porque lo viera correr se-   *coward*
guido de cerca por un machete [1] como vi tantas
veces a Paco, el Gallina, y a Quino Pascual. ¡Pero
era tan diferente a los papás de mis compañeros
de clase! En aquella escuela de barrio ° donde el   *neighborhood*
valor era la virtud suprema, yo bebía el acíbar ° de   *bitterness*
ser el hijo de un hombre que ni siquiera ° usaba   *not even*
cuchillo. ¡Cómo envidiaba a mis compañeros que
relataban una y otra vez sin cansarse nunca de las
hazañas de sus progenitores!° Nolasco Rivera ha-   *parents*
bía desarmado a dos guardias insulares.° A Perico   *island*
Lugo lo dejaron por muerto en un zanjón ° con   *ditch*
veintitrés tajos ° de perrillo.° Felipe Chaveta lucía   *slashes/small machete*
una hermosa herida desde la sien hasta el men-
tón.[2]

Mi padre, mi pobre padre, no tenía ni una sola
cicatriz ° en el cuerpo. Acababa de comprobarlo °   *scar/verifying it*
con gran pena mientras nos bañábamos en el río
aquella tarde sabatina ° en que como de costum-   *Saturday*
bre veníamos de voltear las talas de tabaco.[3] Ahora
seguía yo sus pasos hundiendo mis pies descalzos °   *bare*
en el tibio ° polvo del camino, y haciendo sonar mi   *warm*
trompeta. Era ésta un tallo de amapola [4] al que

[1] No . . . machete: *Not because I had seen him run
from someone following closely with a machete in his hand*
[2] lucía . . . mentón: *displayed a handsome wound
(which extended) from the temple to the chin.*
[3] veníamos . . . tabaco: *we were returning from turn-
ing cut tobacco leaves*
[4] Era . . . amapola: *It (the trumpet) was made of a
hibiscus stalk*

mi padre con aquella su mansa° habilidad para   *delicate*
todas las cosas pequeñas había convertido en trompeta con sólo hacerle una incisión longitudinal.

Al pasar frente a La Aurora, me dijo:

—Entremos aquí. No tengo cigarros para la
noche.

Del asombro por poco me trago la trompeta.[5]
Porque papá nunca entraba a La Aurora, punto de
reunión de todos los guapos° del barrio. Allí se   *bullies*
jugaba baraja, se bebía ron y casi siempre se daban
tajos.[6] Unos tajos de machete que convertían° bra-   *turned*
zos nervudos en cortos° muñones.° Unos tajos   *short/stumps*
largos de navaja° que echaban afuera intestinos.   *switch blade*
Unos tajos hondos° de puñal por los que salía la   *deep*
sangre° y se entraba la muerte.   *blood*

Después de dar las buenas tardes, papá pidió
cigarros. Los iba escogiendo[7] uno a uno con fru-   *enjoyment/feeling*
ción° de fumador, palpándolos° entre los dedos   *them*
y llevándolos a la nariz para percibir su aroma.
Yo, pegado al mostrador forrado de zinc,[8] trataba
de esconderme° entre los pantalones de papá. Sin   *hide*
atreverme a tocar mi trompeta, pareciéndome°   *it seeming to me*
que ofendía a los guapetones hasta con mi alien-
to,° miraba a hurtadillas° de una a otra esquina°   *breath/furtively/*
del ventorrillo.° Acostado sobre la estiba de arroz   *corner*
                                                        store
veía a José, el Tuerto, comer pan y salchichón
echándole los pellejitos al perro sarnoso que los
atrapaba en el aire con un ruido seco de dientes.[9]
En la mesita del lado tallaban° con una baraja   *dealt*
sucia° Nolasco Rivera, Perico Lugo, Chus Mau-   *dirty*

[5] **Del . . . trompeta:** *I was so startled that I almost swallowed the trumpet.*

[6] **Allí . . . tajos:** *There cards were played, rum was drunk and almost always someone would get slashed.*

[7] **Los . . . cogiendo:** *He was choosing them*

[8] **pegado . . . zinc:** *next to the zinc-covered counter*

[9] **Acostado . . . dientes:** *I was watching José, the one-eyed man, lying on top of the stored rice, eat bread and salami while throwing the (pieces of) skin to a mangy dog who would trap them in the air with a click of his teeth.*

rosa y un colorado ° que yo no conocía. En un
tablero ° colocado ° sobre un barril se jugaba
dominó. Un grupo de curiosos seguía de cerca las
jugadas.° Todos bebían ron.

    Fue el colorado el de la provocación. Se acercó
adonde papá, alargándole la botella de la que ya
todos habían bebido: [10]

—Dése un palo,° don . . .

—Muchas gracias, pero yo no puedo tomar.

—Ah, ¿con que me desprecia porque soy un
pelao? [11]

—No es eso, amigo. Es que no puedo tomar.
Déselo usted en mi nombre.

—Este palo se lo da usted o ca . . . se lo
echo ° por la cabeza. Lo intentó, pero no pudo. El
empellón de papá lo arrojó contra el barril de
macarelas.[12] Se levantó medio aturdido ° por el
ron y por el golpe, y palpándose ° el cinturón ° con
ambas manos, dijo:

—Está usted de suerte,° viejito, porque ando
desarmao.°

—A ver, préstenle ° un cuchillo.

    Yo no podía creerlo, pero era papá el que ha-
blaba.

    Todavía al recordarlo un escalofrío me corre
por el cuerpo.[13] Veinte manos se hundieron en las
camisetas sucias, en los pantalones raídos,° en las
botas enlodadas,° en todos los sitios ° en que un
hombre sabe guardar ° su arma. Veinte manos
surgieron ° ofreciendo, en silencio de jíbaro encastado,[14] el cuchillo casero, el puñal de tres filos,°
la sevillana corva° . . .

---

[10] **Se . . . bebido:** *He went to my dad and extended
the bottle from which all had drunk*

[11] **Ah, ¿con . . . pelao?:** *So you won't accept (my in-
vitation) because I am a nobody?*

[12] **El . . . macarelas:** *My father's shove threw him
against the mackerel barrel.*

[13] **Todavía . . . cuerpo:** *A chill runs through my body
when I remember it.*

[14] **en . . . encastado:** *in a peasant-bred silence*

Margin glosses:

red-headed man

playing-board/placed

plays

have a drink

(pelao = pelado)

I will pour it on

stunned

touching/his belt

lucky

unarmed (desarmao =
desarmado)

let him have

worn out

muddy/places

where to keep

appeared

cutting edges

curved knife

—Amigo, escoja el que más le guste.[15]

—Mire don, yo soy un hombre guapo, pero usté ° es más que yo.—Así dijo el colorado y salió de la tienda con pasito ° lento.°   *(usté = usted)*   *step/slow*

Pagó papá sus cigarros, dio las buenas tardes y salimos. Al bajar el escaloncito ° escuché al Tuerto decir con admiración: *step*

—Ahí va un macho completo.°   *a real he-man*

Mi trompeta de amapola tocaba a triunfo. ¡Dios mío; que llegue el lunes para contárselo a los muchachos! [16]

EJERCICIOS

I. Conteste las preguntas siguientes en clase.

1. ¿Qué pensaba el niño de su padre?
2. ¿Qué relataban sus compañeros de clase?
3. ¿Cuándo comprobó que su padre no tenía ninguna cicatriz?
4. ¿Para qué entraron en La Aurora?
5. ¿Por qué por poco se traga la trompeta el niño?
6. ¿Qué clase de personas frecuentaban La Aurora?
7. ¿Quién empezó la provocación?
8. ¿Por qué se ofende el colorado?
9. ¿Qué le dice el colorado al papá después que éste lo arroja contra el barril?
10. ¿Qué contesta el papá?
11. ¿Creía usted que el papá iba a decir eso? ¿Por qué?
12. ¿Por qué admira al papá el Tuerto?
13. Al final del cuento, ¿cree usted que el niño está contento?

[15] **escoja . . . guste:** *choose the one you like best.*
[16] **Mi trompeta . . . muchachos:** *I was triumphantly playing my hibiscus trumpet. Please God; let Monday arrive soon so that I can tell my friends.*

14. ¿Es inmoral la violencia de este cuento?
15. ¿Hay otras clases de violencia que son peores? ¿Por qué?

II. Sinónimos. De la lista a continuación, sustituya un verbo similar en significado al verbo en bastardilla en cada oración. Haga todos los cambios gramaticales necesarios.

1. Acababa de *comprobarlo* con gran pena.
2. Salió de la tienda *caminando* lentamente.
3. Veinte manos *surgieron* con cuchillos.
4. El lunes se lo *contaré* a los muchachos.
5. Del asombro por poco me *trago* la trompeta.
6. El machete *convertía* brazos en cortos muñones.

   a. volver   d. confirmar
   b. comer   e. andar
   c. decir   f. aparecer

III. Traduzca las oraciones siguientes. Están basadas en oraciones que aparecen en el texto.

1. They are afraid that I might be a coward.
2. Father didn't scorn the red-headed man.
3. He still gets a chill when he thinks of the dagger.
4. He chose the cigars with enjoyment.
5. How I envied my friends who told of their parents' deeds.
6. My father is a real he-man.
7. He didn't have a single scar on his body.
8. The boy tried to hide between his father's pant legs.

Jorge Luis Borges

Argentina

Born in 1899, Borges is one of the most prestigious writers of the Hispanic world.

A man of enormous culture, he is a perennial candidate for the Nobel Prize in literature. A prolific writer of different literary genres, he has served since 1955 as director of the Biblioteca Nacional in Buenos Aires.

In his latest book, *El informe de Brodie* (1970), Borges returns to the short story after seventeen years of writing essays and poetry.

El Evangelio según Marcos is one of eleven narratives that comprise a new aesthetic evolution of the author. The short stories are no longer enigmatic and symbolic, but direct and simple. In this story—the best in the collection, according to Borges—we find a fascinating account with an unexpected ending.

EL EVANGELIO
SEGÚN MARCOS

El hecho sucedió[1] en la estancia ° La Colorada, *ranch*
en el partido ° de Junín, hacia el sur, en los últi- *district*
mos días del mes de marzo de 1928. Su protago-
nista fue un estudiante de medicina, Baltasar Espinosa. Podemos definirlo por ahora como uno
de tantos muchachos porteños,[2] sin otros rasgos ° *characteristics*
dignos ° de nota que esa facultad oratoria que le *worthy*
había hecho merecer más de un premio en el
colegio inglés de Ramos Mejía y que una casi ili-
mitada bondad. ° No le gustaba discutir;° prefería *kindliness/argue*
que el interlocutor tuviera razón y no él. Aunque
los azares ° del juego ° le interesaban, era un mal *chance/gambling*
jugador, porque le desagradaba ° ganar. Su abierta *he didn't like*
inteligencia era perezosa; ° a los treinta y tres años *lazy*
le faltaba rendir ° una materia ° para graduarse, *to pass/course*
la que más lo atraía. Su padre, que era librepensador, como todos los señores de su época, lo había
instruido en la doctrina de Herbert Spencer, pero
su madre, antes de un viaje a Montevideo, le
pidió que todas las noches rezara el Padrenuestro
e hiciera la señal de la cruz. A lo largo de los
años no había quebrado ° nunca esa promesa. No *broken*
carecía ° de coraje; una mañana había cambiado, *lack*
con más indiferencia que ira, dos o tres puñetazos ° *blows*
con un grupo de compañeros que querían forzarlo

[1] **El hecho . . . sucedió:** *The event took place*
[2] **porteños:** name given to natives of Buenos Aires

a participar en una huelga ° universitaria. Abun-
daba, por espíritu de aquiescencia,° en opiniones
o hábitos discutibles:° el país le importaba menos
que el riesgo ° de que en otras partes creyeran que
usamos plumas;³ veneraba a Francia pero menos-
preciaba ° a los franceses; tenía en poco ° a los
americanos, pero aprobaba el hecho de que hubiera
rascacielos en Buenos Aires; creía que los gauchos
de la llanura son mejores jinetes ° que los de las
cuchillas ° o los cerros. Cuando Daniel, su primo,
le propuso veranear ° en La Colorada, dijo inmediatamente que sí, no porque le gustara el campo sino por natural complacencia y porque no
buscó razones válidas para decir que no.

El casco ° de la estancia era grande y un poco
abandonado; las dependencias del capataz,° que
se llamaba Gutre, estaban muy cerca. Los Gutres
eran tres: el padre, el hijo, que era singularmente
tosco,° y una muchacha de incierta paternidad.
Eran altos, fuertes, huesudos,° de pelo que tiraba °
a rojizo y de caras aindiadas.° Casi no hablaban.
La mujer del capataz había muerto hace años.

Espinosa, en el campo, fue aprendiendo cosas
que no sabía y que no sospechaba. Por ejemplo,
que no hay que galopar cuando uno se está acercando a las casas y que nadie sale a andar a caballo sino para cumplir con una tarea. Con el
tiempo llegaría a distinguir los pájaros por el
grito.

A los pocos días, Daniel tuvo que ausentarse ° a
la capital para cerrar una operación ° de animales.
A lo sumo,° el negocio le tomaría una semana.
Espinosa, que ya estaba un poco harto ° de las
bonnes ° *fortunes* de su primo y de su infatigable
interés por las variaciones de la sastrería,° prefirió quedarse en la estancia, con sus libros de
texto. El calor apretaba ° y ni siquiera la noche

Margin glosses:
- *strike*
- *acceptance*
- *questionable*
- *risk*
- *he looked down on/he didn't think much of*
- *horsemen*
- *mountains*
- *to spend the summer*
- *headquarters*
- *foreman's quarters*
- *crude*
- *bony/tended to be*
- *Indian-like*
- *to leave for*
- *business deal*
- *at most*
- *fed up*
- *Fr.: good*
- *tailoring*
- *increased*

³ **plumas:** *feathers; i.e., people might think that we are
still savage Indians*

traía un alivio.° En el alba,° los truenos ° lo des-   relief/dawn/thunder
pertaron. El viento zamarreaba ° las casuarinas.°   shook/ironwood trees
Espinosa oyó las primeras gotas y dio gracias a
Dios. El aire frío vino de golpe. Esa tarde, el Sa-
lado se desbordó.°   overflowed

Al otro día, Baltasar Espinosa, mirando desde
la galería los campos anegados, pensó que la metá-
fora que equipara ° la pampa con el mar no era,   equated
por lo menos esa mañana, del todo falsa, aunque
Hudson había dejado escrito que el mar nos parece
más grande, porque lo vemos desde la cubierta del
barco y no desde el caballo o desde nuestra altura.
La lluvia no cejaba;° los Gutres, ayudados o in-   let up
comodados por el pueblero,[4] salvaron buena parte
de la hacienda,° aunque hubo muchos animales   Amer.: cattle
ahogados.° Los caminos para llegar a La Colorada   drowned
eran cuatro: a todos los cubrieron las aguas. Al
tercer día, una gotera ° amenazó la casa del capa-   leak
taz; Espinosa les dio una habitación que quedaba
en el fondo,° al lado del galpón ° de las herramien-   back/shed
tas.° La mudanza ° los fue acercando; comían jun-   tools/move
tos en el gran comedor. El diálogo resultaba difícil;
los Gutres, que sabían tantas cosas en materia de
campo, no sabían explicarlas. Una noche, Espinosa les preguntó si la gente guardaba algún re-
cuerdo de los malones,[5] cuando la comandancia °   military headquarters
estaba en Junín. Le dijeron que sí, pero lo mismo
hubieran contestado a una pregunta sobre la ejecu-
ción de Carlos Primero. Espinosa recordó que su
padre solía decir que casi todos los casos de longe-
vidad que se dan ° en el campo son casos de mala   occur
memoria o de un concepto vago de las fechas. Los
gauchos suelen ignorar por igual [6] el año en que
nacieron y el nombre de quien los engendró.°   fathered
En toda la casa no había otros libros que una

---

[4] **pueblero:** Argentine term for city-dwellers inexperi-
enced in ranch life
[5] **malones:** name given to surprise attacks on settlers
by Pampa Indians on charging horses
[6] **suelen . . . igual:** *are usually equally ignorant of*

serie de la revista *La Chacra,* un manual de ve-
terinaria, un ejemplar de lujo del Tabaré,[7] una
Historia del Shorthorn en la Argentina, unos cuan-
tos relatos eróticos o policiales y una novela re-
ciente: *Don Segundo Sombra.*[8] Espinosa, para
distraer ° de algún modo la sobremesa ° inevitable,   *to entertain/after-dinner conversation*
leyó un par de capítulos a los Gutres, que eran
analfabetos.° Desgraciadamente, el capataz había   *illiterate*
sido tropero [9] y no le podían importar las andan-
zas ° de otro. Dijo que ese trabajo era liviano,°   *adventures/light*
que llevaban siempre un carguero ° con todo lo   *wagon*
que se precisa ° y que, de no haber sido ° tropero,   *is needed/if he hadn't been*
no habría llegado nunca hasta la Laguna de Gó-
mez, hasta el Bragado y hasta los campos de los
Núñez, en Chacabuco. En la cocina había una
guitarra; los peones, antes de los hechos que narro,
se sentaban en rueda; ° alguien la templaba ° y   *in a circle/tuned*
no llegaba nunca a tocar. Esto se llamaba una
guitarreada.

Espinosa, que se había dejado crecer la barba,
solía demorarse ante el espejo ° para mirar su   *mirror*
cara cambiada y sonreía al pensar que en Buenos
Aires aburriría a los muchachos con el relato °   *story*
de la inundación del Salado. Curiosamente, extrañaba lugares a los que no iba nunca y no iría:
una esquina de la calle Cabrera en la que hay un
buzón,° unos leones de mampostería ° en un por-   *mailbox/cement and stones*
tón de la calle Jujuy, a unas cuadras del Once, un
almacén con piso de baldosa ° que no sabía muy   *tiles*
bien dónde estaba. En cuanto a sus hermanos y a
su padre, ya sabrían por Daniel que estaba ais-
lado—la palabra, etimológicamente, era justa—
por la creciente.°   *flood*

Explorando la casa, siempre cercada ° por las   *surrounded*
aguas, dio con una Biblia en inglés. En las páginas

---

[7] **Tabaré:** an epic poem about battles between con-
quistadors and Indians

[8] **Don Segundo Sombra:** the most famous novel about
gaucho life

[9] **tropero:** *trail boss on a cattle drive*

finales los Guthrie—tal era su nombre genuino—
habían dejado escrita su historia. Eran oriundos °   *natives*
de Inverness,[10] habían arribado ° a este continente,   *arrived*
sin duda como peones, a principios del siglo dieci-
nueve, y se habían cruzado con indios. La crónica
cesaba hacia mil ochocientos setenta y tantos; ya
no sabían escribir. Al cabo de ° unas pocas genera-   *at the end of*
ciones habían olvidado el inglés; el castellano,
cuando Espinosa los conoció, les daba trabajo.
Carecían de fe, pero en su sangre perduraban,°   *persisted*
como rastros oscuros, el duro fanatismo del cal-
vinista y las supersticiones del pampa. Espinosa
les habló de su hallazgo ° y casi no escucharon.   *find*

    Hojeó ° el volumen y sus dedos lo abrieron en   *he glanced through*
el comienzo del Evangelio según Marcos. Para
ejercitarse ° en la traducción y acaso para ver si   *practice*
entendían algo, decidió leerles ese texto después
de la comida. Le sorprendió que lo escucharan
con atención y luego con callado ° interés. Acaso   *silent*
la presencia de las letras de oro en la tapa ° le   *cover*
diera más autoridad. Lo llevan en la sangre, pensó. También se le ocurrió que los hombres, a lo
largo del tiempo, han repetido siempre dos historias: la de un bajel ° perdido que busca por los   *ship*
mares mediterráneos una isla querida, y la de un
dios que se hace crucificar en el Gólgota.° Re-   *Calvary*
cordó las clases de elocución en Ramos Mejía y
se ponía de pie para predicar ° las parábolas.   *to preach*

    Los Gutres despachaban ° la carne asada y las   *would finish off*
sardinas para no demorar el Evangelio.

    Una corderita ° que la muchacha mimaba° y   *lamb/babied*
adornaba con una cintita celeste ° se lastimó con   *blue*
un alambrado de púa.° Para parar la sangre, que-   *barbed wire*
rían ponerle una telaraña;° Espinosa la curó con   *spiderweb*
unas pastillas.° La gratitud que esa curación des-   *pills*
pertó no dejó de asombrarlo.° Al principio, había   *astonish him*
desconfiado ° de los Gutres y había escondido en   *distrusted*
uno de sus libros los doscientos cuarenta pesos que

---

[10] **Inverness:** port in Scotland

llevaba consigo; ahora, ausente el patrón, él había
tomado su lugar y dada órdenes tímidas, que eran
inmediatamente acatadas.° Los Gutres lo seguían °obeyed°
por las piezas ° y por el corredor, como si andu- °rooms°
vieran perdidos. Mientras leía, notó que le reti-
raban las migas ° que él había dejado sobre la °crumbs°
mesa. Una tarde los sorprendió hablando de él
con respeto y pocas palabras. Concluido el Evangelio según Marcos, quiso leer otro de los tres que
faltaban; el padre le pidió que repitiera el que ya
había leído, para entenderlo bien. Espinosa sintió
que eran como niños, a quienes la repetición les
agrada más que la variación o la novedad. Una
noche soñó con el Diluvio,° lo cual no es de °Flood°
extrañar;[11] los martillazos ° de la fabricación del °hammerblows°
arca ° lo despertaron y pensó que acaso eran °ark°
truenos. En efecto, la lluvia, que había amainado,° °let up°
volvió a recrudecer.° El frío era intenso. Le di- °grew worse°
jeron que el temporal ° había roto el techo del °storm°
galpón de las herramientas y que iban a mostrárse-
lo cuando estuvieran arregladas las vigas.° Ya no °beams°
era un forastero ° y todos lo trataban con aten- °stranger°
ción y casi lo mimaban. A ninguno le gustaba el
café, pero había siempre una tacita para él, que
colmaban ° de azúcar. °they filled°

El temporal ocurrió un martes. El jueves a la
noche lo recordó un golpecito suave [12] en la puerta
que, por las dudas,° él siempre cerraba con llave. °just in case°
Se levantó y abrió: era la muchacha. En la oscuridad no la vio, pero por los pasos notó que estaba
descalza ° y después, en el lecho, que había ve- °barefoot°
nido desde el fondo, desnuda. No lo abrazó, no
dijo una sola palabra; se tendió junto a él y estaba temblando.° Era la primera vez que conocía °trembling°
a un hombre. Cuando se fue, no le dio un beso;
Espinosa pensó que ni siquiera sabía cómo se
llamaba. Urgido ° por una íntima razón que no °impelled°

[11] lo . . . **extrañar:** *which is not surprising*
[12] lo . . . **suave:** *a light knock woke him up*

trató de averiguar,° juró° que en Buenos Aires no le contaría a nadie esa historia. *investigate/ he vowed*

El día siguiente comenzó como los anteriores, salvo° que el padre habló con Espinosa y le preguntó si Cristo se dejó matar para salvar a todos los hombres. Espinosa, que era librepensador pero que se vio obligado a justificar lo que les había leído, le contestó: *except*

—Sí. Para salvar a todos del infierno.

Gutre le dijo entonces:

—¿Qué es el infierno?

—Un lugar bajo tierra donde las ánimas° arderán° y arderán. *souls will burn*

—¿Y también se salvaron los que le clavaron° los clavos? *nailed*

—Sí—replicó Espinosa, cuya teología era incierta.

Había temido que el capataz le exigiera cuentas [13] de lo ocurrido anoche con su hija. Después del almuerzo, le pidieron que releyera los últimos capítulos.

Espinosa durmió una siesta larga, un leve sueño interrumpido por persistentes martillos y por vagas premoniciones. Hacia el atardecer se levantó y salió al corredor.° Dijo como si pensara en voz alta: *hall*

—Las aguas están bajas. Ya falta poco.

—Ya falta poco—repitió Gutre, como un eco.

Los tres lo habían seguido. Hincados° en el piso de piedra le pidieron la bendición. Después lo maldijeron,° lo escupieron y lo empujaron° hasta el fondo. La muchacha lloraba. Espinosa entendió lo que le esperaba del otro lado de la puerta. Cuando la abrieron, vio el firmamento.° Un pájaro gritó; pensó: Es un jilguero.° El galpón estaba sin techo;° habían arrancado° las vigas para construir la Cruz. *kneeling*
they cursed/ they pushed

sky
linnet (a songbird)
roof/torn away

---

[13] **exigiera cuentas:** *would demand an explanation*

EJERCICIOS

I. Conteste las preguntas siguientes en clase.

1. ¿Dónde y cuándo sucedió el hecho?
2. ¿Quién era Baltasar Espinosa?
3. Describa su personalidad.
4. ¿Cómo eran los padres de Baltasar?
5. ¿Cuántos eran los Gutres?
6. ¿Por qué tuvo que ausentarse Daniel?
7. ¿Qué había dicho Hudson?
8. ¿Por qué les dio Baltasar una habitación a los Gutres?
9. ¿Qué libros había encontrado el joven en la casa?
10. ¿De dónde eran oriundos los Gutres?
11. ¿Qué les había pasado a los Gutres desde que llegaron a la Argentina?
12. ¿Por qué les comenzó a leer a los Gutres el Evangelio según Marcos?
13. ¿Qué animal curó Baltasar?
14. ¿En qué sentido cambian los Gutres en su actitud hacia Baltasar?
15. ¿Por qué va la muchacha a pasar la noche con el joven?
16. ¿Por qué le pregunta el padre a Espinosa si Cristo se dejó matar para salvar a todos los hombres?
17. ¿Por qué matan a Espinosa?
18. ¿Cree usted que la ignorancia de los Gutres y el episodio con la muchacha justifican el final?

II. Sinónimos. De la lista a continuación, sustituya un verbo, palabra, o frase similar en significado al verbo, palabra, o frase en bastardilla en cada oración. Haga todos los cambios gramaticales necesarios.

1. El hecho *ocurrió* en la estancia La Colorada.
2. No le *faltaba* coraje; una mañana había cambiado dos o tres puñetazos con unos compañeros.
3. Se *inundó* toda la estancia; solamente no llegó el agua a la casa grande.
4. Curiosamente *echaba de menos* lugares a los que no iba nunca.
5. No trató de *investigar* el por qué de sus emociones.
6. *Prometió* que en Buenos Aires no le contaría a nadie esa historia.
7. El día comenzó como los anteriores *excepto* que el padre habló un largo rato con Espinosa.
8. Dijo que ese trabajo era *fácil*.

   a. salvo   d. anegar   g. extrañar
   b. averiguar   e. suceder   h. carecer de
   c. jurar   f. liviano

III. Antónimos. De la lista a continuación, sustituya un verbo, palabra, o frase con significado opuesto al verbo, palabra, o frase en bastardilla en cada oración. Haga todos los cambios gramaticales necesarios.

1. Al principio había *confiado* en los Gutres.
2. Había *descubierto* en uno de sus libros doscientos cuarenta pesos.

3. El primo estaba *presente* en la estancia.
4. *Amainaron* la lluvia y el viento.
5. La muchacha *trataba mal* a la corderita.
6. *Respetaba* a los franceses y a los norte-americanos.
7. El hijo del capataz era singularmente *delicado*.
8. Estaba *contento* de la buena fortuna de su primo.
9. *Perdieron* buena parte de la hacienda.

a. mimar   f. esconder
b. desconfiar   g. tosco
c. recrudecer   h. menospreciar
d. harto   i. ausente de
e. salvar

IV. Complete las oraciones siguientes con palabras tomadas de la lista a continuación. Haga todos los cambios gramaticales necesarios.

1. Todas las noches _____ el Padrenuestro y hacía la señal de la cruz.
2. Los estudiantes estaban en contra del rector. Hicieron una _____ que duró dos semanas.
3. Las primeras _____ de la tormenta empezaron a caer.
4. Estaba _____ el volumen y comenzó a leer el Evangelio según Marcos.
5. Aunque no lo sabía, los _____ que oía eran los de la fabricación de la cruz.
6. Lo despertó un _____ suave en la puerta que él siempre cerraba con llave.
7. Se metía la lluvia en las casa porque el viento se había llevado el _____.
8. El infierno es un lugar bajo tierra donde las _____ arden.

9. A toda la gente de Buenos Aires se les llama _____.
10. La conversación en el comedor después de una comida se llama la _____.

a. martillazo   f. golpecito
b. ánima   g. gota
c. huelga   h. porteño
d. hojear   i. techo
e. rezar   j. sobremesa

V. Traduzca las oraciones siguientes. Están basadas en oraciones que aparecen en el texto.

1. He didn't lack courage.
2. The thunder woke him up at dawn.
3. He had let his beard grow.
4. They lacked faith, but the hard Calvinist's fanaticism persisted in their blood.
5. A lamb got hurt with a barbed wire.
6. He didn't even know her name.

José Rafael Pocaterra

Venezuela

Pocaterra (1888–1955) was a lonesome writer who suffered through political imprisonment and later was forced to abandon his country.

His book, *Cuentos grotescos,* ended the modernistic and creole prose era, and laid the foundation for the contemporary Venezuelan short story. Pocaterra's works display irony, crude realism, the search for truth, and a certain implicit lyricism.

An important aspect of Spanish American society is its appreciation of the sense of the ridiculous. *Las Linares,* a semi-humorous story, gives a clear example of this characteristic. Pocaterra is especially effective at reproducing the dialogue which is typical of witty exchanges that occur in after-dinner conversations.

LAS LINARES

I

. . . Las Linares son cuatro. Se casó la segunda;
acaso la de mejor físico.[1] Y no es bonita ni mucho
menos:° unos ojos grandes un poco saltones,° la
boca grande también y coincidiendo con los ojos.
Pero las cejas ° . . . ! Las cejas de todas ellas
que son dos bigotes ° invertidos, dos montones de
pelos negros y ríspidos,° en arco de treinta y seis
grados hacia las sienes ° donde el cabello lacio,°
acastañado,° encuadra ° la fisonomía inexpresiva
que caracteriza a la familia. Las otras tres hermanas, más o menos así mismo:° a una la desmejora ° la nariz arremangada,° a otra el corte ° del
rostro ° en ángulo recto,° y a la menor todo esto
junto y además el desconcierto que causa aquella
criatura tan raquítica, tan menguada, tan hecha
a retazos,[2] con un vozarrón ° que pone pavor ° en
el ánimo ° . . . Todas, pues, así: ni gordas ° ni
magras,° a pesar de la anemia; caminan como es-
coradas ° a la izquierda; paseando dan la impresión de que huyen,° de que tratan de escapar
restregándose ° con la pared, como perros castigados.[3]

far from it/bulging

eyebrows

mustaches

coarse

temples/straight

brownish/frames

are like this

disfigures/pug/ structure

face/straight

strong voice/terror

spirit/fat

thin

leaning

flee

rubbing

[1] **acaso . . . físico:** *perhaps the better-looking one.*
[2] **y a la menor . . . retazos:** *and the youngest all of
these together and in addition the discomfort caused by
that creature (who is) so skinny, so weak, so pieced together*
[3] **restregándose . . . castigados:** *rubbing themselves
against the wall as if they were punished dogs.*

Pero sobre todo ¡aquellas cejas! La misma Jua-
nita Ponce, que no se ocupa en mal de nadie,[4] pa-
gando visita a las Pérez Ricaurte, no pudo disi-
mularlo:°   *hide it*

—Mamá está muy contenta con este vecin-
dario;° es gente muy buena: ustedes, las Lopeci-   *neighborhood*
tos, el señor Anchoa Castrillo, todas . . . Y esas
mismas muchachas Linares, las pobres, a pesar de
las cejas, son muy simpáticas!°   *likeable*

Es una pesadilla.° En las tiendas,° en el tran-   *nightmare/stores*
vía,° en las tertulias,[5] en el cine,° para dar su   *streetcar/movie*
dirección:° "las muchachas cejonas," ° "las de las   *address/with big eyebrows*
cejas," "las cejudas," "casa de las que tienen el
bigote en la frente" . . . un horror, en fin.

La que logró casarse, la segunda, lo hizo con
un muchacho histérico que fue cantor ° en el coro   *singer*
de Santa Rosalía, pero que en ciertas épocas pierde
el juicio ° y se sale desnudo ° dando vivas ° a la   *his mind/naked/ praising*
Divina Providencia; ha perdido la voz y pasa los
días haciendo jaulas ° que manda a vender al mer-   *cages*
cado. Una vida triste ° pero humilde. Sin em-   *sad*
bargo, la familia de este infeliz ° aprobó su matri-   *unfortunate man*
monio con una salvedad:°   *reservation*

—Sí, ella será ° muy buena y todo, pero ¡qué   *may be*
cejas!

Las otras tres, peludas ° y tristes, a la edad en   *hairy*
que las mujeres más fatalistas no sueñan con do-
blar sin compañero el Cabo de Buena Esperanza,[6]
ya han adquirido esa filosofía cínica de las sol-
teronas ° que "no enganchan." °   *old maids/don't hook anybody*

Nadie, o casi nadie, va a casa de ellas; en
cambio ellas visitan mucho; andan a tiendas; co-

---

[4] **que . . . nadie:** *who doesn't criticize anybody*
[5] **tertulias:** social gathering of friends, similar to a tea
party
[6] **no sueñan . . . Esperanza:** *do not dream of rounding the Cape of Good Hope without a mate;* i.e., *passing
the age where women can hope to marry and still have
no husband*

sen° la "canastilla del Niño"; [7] recogen para la "Liga contra el mocezuelo." [8] Sus trajes siempre parecidos, adornados de lacitos coloridos,° apestando° a un perfume barato.° Se les ve en toda suerte° de obras pías, o admirando un incendio,° o acompañando un duelo;° donde haya fiesta o están dentro o están por la ventana, pero están, dan nombres propios,° detalles, saludan, conocen a todo el mundo: "esa es Laura Elena, la señora de Fokterre; el otro debe ser el musiú° que se casa con una de las Palustre y vino esta mañana de La Guayra. ¿Cuándo le bajarán° la falda° a la hija del doctor Perozo? Ya es una indecencia ese mujerón con las piernas de fuera!"°

they sew
colorful little bows
smelling/cheap
kinds/fire
group of mourners
they mention names
monsieur
lower/skirt
with her legs showing

Pero no se casan. Y no es porque tengan mayores ambiciones; no, señor; pueden decir sentimentalmente al elegido: ° contigo pan y cebollas, contigo debajo de un cují.[9]

the chosen one

Bueno, mentalmente añadirán,° debajo de un cují pero con teléfono y luz eléctrica y cinco pesos diarios, más los *alfileres*° . . . ¡Pobres!

they will add
pin money

El único hermano con quien cuentan, César Augusto, es escribiente° en la Dirección de un Ministerio con setenta y cinco pesos de sueldo.° De ellos se viste, tiene novia, parrandea, da el calzado a las tres hermanas y "ayuda" en la casa.[10] La hermana casada, cuando va a tener

a clerk
salary

[7] **canastilla del Niño:** *layette of the Christ child;* i.e., a charity organization of the church which provides clothing for needy babies, children of unwed mothers, etc.

[8] **mocezuelo:** a sickness of newborn infants that is characterized by convulsions

[9] **contigo . . . cují:** An expression of thriftiness that lovers make to show disdain for material well-being. Literally, *with you, bread and onions (is all I need to eat); with you (we can live) under an acacia tree (we don't even need a roof over our heads).*

[10] **De . . . casa:** *With that (salary) he buys his clothes, is able to have a girlfriend, goes on binges, buys shoes for his sisters, and contributes money for household expenses.*

niño, se traslada ° para el hogar ° común, y él, *she moves/home*
naturalmente, contribuye a recibir de un modo
digno al nuevo cejudo. Ya ha recibido cinco;
todos escrofulosos ° con las cejas desarrolladísi- *puny*
mas.° La familia observó enternecida que el pe- *very well developed*
núltimo—se aguarda un nuevo ejemplar de un mo-
mento a otro—las tenía rizadas. Al fin y al cabo
es una mejora en la especie . . .[11]

Bueno. Estas son las Linares. La casada se
llama Andrea y las otras, como casi todos los
seres desgraciados ° poseen lindos nombres: Car- *unhappy beings*
men Margarita, Luisa Helena, Berta Isabel . . .

II

El que refería, sin turbarse, esperó para decir
al fin del chaparrón de bromas con que fue a-
cogida su desairada historia:[12]

—Como ustedes quieran: ° pero es así . . . la *as you wish*
primera parte. La segunda voy a referirla.

Todos gritaron protestando:

—No, no, no.

—¡Se suspende la sessión! °   *The meeting is over!*

—¡No hay derecho a palabra![13]

—¡Es horrible!

—¡Piedad!

—¡Asesino!

—¡Troglodita! °   *Caveman!*

—¡Hay alevosía, ensañamiento, *lata*![14]

Pestañeó ° tras los lentes,° arrojó una boca- *he blinked/glasses*
nada de humo[15] sobre nosotros y volvió a sonreir:

[11] **La . . . especie:** *The family was moved to see that
the next-to-last baby—another one is arriving anytime—
had curly eyebrows. After all, it's an improvement of the
species . . .*

[12] **El . . . historia:** *The one who was telling the story,
without becoming upset, waited for the end of the down-
pour of jests with which his unappreciated story was received, to say:*

[13] **No . . . palabra:** *Nobody has the floor!*

[14] **Hay . . . lata:** *Treachery, cruelty, annoyance!*

[15] **arrojó . . . humo:** *he blew a mouthful of smoke*

—La segunda parte . . . —dijo.

—¡Qué no!

—¡Oigan, oigan, es triste! y además, es diverti-
da.

—Es estúpida, seguramente.

Dominando la última frase, impuso el resto:

—Sí, es estúpida desde cierto punto de vista
. . . Un día, Carmen Margarita tuvo novio . . .

—¡Despatarrante! °   *Amazing!*

—¡El cuento se hace trágico!

—¡Hoffman!

—¡Edgard Poe!

— . . . tuvo novio—repitió—tuvo por novio
a un amigo nuestro que está aquí en este momento . . .

—¡El nombre de ese miserable, decidlo!—exclamó uno en estilo Pérez Escrich.

—El nombre—repuso—el nombre no es del   *is not important/*
caso ° . . . Mi amigo se asomó ° a aquellas vidas   *peeked into*
oscuras y maltratadas,° espió detrás de aquellos   *mistreated*
ojos saltones, nostálgicos . . .

—Bajo aquellas cejas siniestras—interrumpió
otro.

—Sí, bajo aquellas cejas siniestras, en el fon-
do ° de los ojos, vio el alma . . . Se enamoró de   *at the bottom*
pronto [16] como un loco . . . Ustedes no saben
esto porque ustedes no han amado: la vanidad,
la crítica superficial de las cosas, la mirada que
ve las formas recortadas y no los matices de la
expresión [17] . . . ustedes no saben esto, no pueden comprenderlo; ustedes, burlones,° inteligentes,   *mockers*
tontos, *ven* pero no *miran* . . . Mi amigo, que
vale tanto como el que más de ustedes,[18] se enamoró como un loco; y lo que era cursi ° y triste   *ridiculous*
y casi cómico, de una comicidad dolorosa, se fue

[16] **Se . . . pronto:** *He suddenly fell in love*

[17] **la . . . expresión:** *your glance only perceives the
outlined forms and not the different shades of expression*

[18] **que . . . ustedes:** *who is worth as much as the best
of you*

engrandeciendo en su mente primero que a sus
ojos: es el alma de las mujeres feas, el alma su-
premamente virgen que nadie ha turbado,° el cora-   *disturbed*
zón de la mujer íntegra que, precioso e intacto,
guarda sus ternuras ° para una hora única,° cuan-   *tender feelings/unique*
do el amor llama a la puerta, cuando ÉL despier-
ta, cuando asoma ° a los ojos de las feas, por   *it appears*
ante las cuales ° pasamos siempre distraídos o   *in front of whom*
burlones, esos ojos que no han reflejado otros a-
mores; y arrebola ° la emoción que siente una cara   *it makes one blush*
nunca besada, y estremece ° el cuerpo nunca to-   *trembles*
cado . . . Entonces es que un hombre posee, re-
almente, lo que otro jamás deseó, lo que es de él
no más, de él solo, sobre la tierra . . . Y piensen
ustedes con qué lealtad ° furiosa, con qué suprema   *loyalty*
angustia ° de amor ° no [19] ama una mujer fea!   *affliction/love*

Yo por eso me caso dentro de quince o veinte
días con Carmen Margarita, con la mayor de las
"cejudas," como ustedes las llaman. Esta comida
es mi despedida de soltero ° . . . Ya lo saben   *last bachelor party*
ustedes . . .

III

Y, verdaderamente,° yo no sé si porque había-   *really*
mos cenado fuerte y ese vino francés "alambrado" [20]
es proclive ° a ponerle a uno sentimental, o porque   *inclined*
al salir a la calle fría y desierta, bajo lo inesperado
de aquella confesión, estábamos turbados; pero
todos sentimos una vaga nostalgia de ser así, como
él, tan valientes para echar sobre lo ridículo de la
existencia un noble manto ° de sinceridad.   *cloak*

[19] The *no* here is redundant; the phrase is not nega-
tive in meaning.
[20] alambrado: *wire netting.* Wine bottles at times are
covered with a fine wire net.

EJERCICIOS

I. Conteste las preguntas siguientes en clase.

1. ¿Son casadas las cuatro hermanas?
2. ¿Qué defecto tienen todas?
3. ¿Cómo caminan?
4. ¿Con quién se casó la segunda?
5. ¿Llevan una vida muy activa? ¿Qué hacen?
6. ¿Desean un esposo rico?
7. ¿Qué hace con el dinero del sueldo el único hermano?
8. ¿Cómo tenía las cejas el último hijo de la hermana casada?
9. ¿Qué tipo de cuentos son los de Hoffman y Poe?
10. ¿Cómo se enamoró el amigo?
11. ¿Por qué se enamoró?
12. ¿Es verdad que las mujeres piensan así?
13. ¿Quién era realmente el amigo?
14. ¿Qué es una despedida de soltero?
15. ¿Cuándo se va a casar?
16. ¿Cree usted que será feliz? ¿Por qué?
17. ¿Qué es importante en un matrimonio?
18. ¿Qué tipo de belleza vale más?
19. ¿Por qué es inesperada la confesión del narrador?
20. ¿Por qué parecen ser tan ridículas las hermanas?
21. ¿Cuáles son las características humorísticas que son puramente hispánicas y que no se utilizan en la literatura inglesa?
22. ¿En el mundo hispano se acostumbra a darle un sobrenombre° a alguien para ridiculizarle? ¿Qué sobrenombre le ponen a las hermanas?   *nickname*
23. ¿El sobrenombre se utiliza de la misma ma-

nera entre los angloparlantes? ¿Cuál es preferible, la forma hispánica o la inglesa?

24. ¿Es igual la familia Linares a una típica
familia norteamericana? ¿Cuáles son las di-
ferencias?

25. ¿Cree usted que la gente debe ponerle tanta
importancia a la belleza física?

26. ¿La vida en esta ciudad es semejante a la
norteamericana?

*II. Sinónimos. De la lista a continuación,
sustituya un verbo o una palabra similar
en significado al verbo o a la palabra en
bastardilla en cada oración. Haga todos los
cambios gramaticales necesarios.*

1. No pudo *ocultarlo.*
2. La hermana casada se *va* al hogar de las
Linares cuando va a tener un niño.
3. Se enamoró de *repente.*
4. A David le gusta *divertirse.*
5. Adán les dio nombres a todos los *seres* del
mundo.
6. *En cuanto* a ese asunto sobre el banco nacional, puedes contar con mi ayuda.
7. A Berta la desmejora la *forma* del rostro en
ángulo recto.
8. Sin *molestarse,* esperó para decir su desairada historia.

a. trasladar	e. disimular
b. pronto	f. parrandear
c. criatura	g. referente a
d. corte	h. turbarse

III. *Antónimos. De la lista a continuación,
sustituya un verbo o una palabra con significado opuesto al verbo o a la palabra en
bastardilla en cada oración. Haga todos los
cambios gramaticales necesarios.*

1. Su vida es un *sueño*.
2. Sale *vestida* dando vivas.
3. En esa casa todas las hijas son *casadas*.
4. Se ponían un perfume *caro*.
5. Había muchos *calvos* en su familia.
6. En niño tenía el pelo *lacio*.
7. El soldado *levantó* al otro del suelo.
8. Todos sus hijos eran *cobardes*.
9. Las Linares se creían seres *felices*.

   a. solterona   d. valientes   g. pesadilla
   b. desgraciado   e. barato   h. rizado
   c. peludo   f. desnudo   i. arrojar a

IV. *Complete las oraciones siguientes con
palabras tomadas de la lista a continuación.
Haga todos los cambios gramaticales necesarios.*

1. Todas las Linares tenían enormes _____.
2. Pusieron los dos pájaros en una _____.
3. Pensando que ya no se iban a casar todo el
   mundo decía que eran solteronas que no
   _____.
4. Debido a que no se ponía ni perfume ni
   desodorante, Carmen _____ horriblemen-
   te en ese clima cálido.
5. César Augusto se ha dejado crecer los
   _____ y la barba.
6. En ciertas épocas pierde el _____ y lo

tienen que poner en el hospital hasta que
se mejore.

7. Debido a que lo había _____, el perro
   se fue con la cola entre las piernas.
8. Siempre recordaba que su mamá _____
   vestidos, blusas y toda clase de ropa.
9. Su tía murió a las seis y el _____ duró
   toda la noche. La enterraron por la mañana.
10. Su coche no funcionaba y tuvo que irse a
    su trabajo en _____.
11. Él es modesto. No presume de persona fina
    y elegante sin serlo. No es _____.

a. apestar	e. duelo	i. enganchar
b. juicio	f. ceja	j. castigar
c. bigote	g. coser	k. vanidoso
d. jaula	h. tranvía	

V. Traduzca las oraciones siguientes. Es-
tán basadas en oraciones que aparecen en
el texto.

1. He will get married in fourteen days to one
   of the sisters.
2. He covers the absurdity of life with a cloak
   of sincerity.
3. She isn't pretty—far from it. She has bulging eyes and a large mouth.
4. You don't have the floor to speak.
5. His name is not pertinent.

Guillermo Blanco

Chile

Guillermo Blanco was born in Talca, Chile, in
1926. He studied at the Colegio San Tarcisio in
Talca and received his Bachiller en Letras from
the Instituto Luis Campino of Santiago. He was
one of the founders of the journal *Amargo* in
1946. He won the first prize in 1956 in the Concurso Oscar Castro for his collection titled *Un
cuento y otros*. In 1957, he won the first prize for
his short story *La espera* in the Concurso Latino-
americano. In addition to having other works published, Guillermo Blanco has been director of the
journal *Rumbos*. He is not only professor of
journalism in the Universidad Católica but also
works on the magazine *Ercilla* and presents a pro-
gram on the Canal Nacional de Televisión.

The following short story has been selected
from his book *Sólo un hombre y el mar* (1957).
Adiós a Ruibarbo is a beautiful tale of a boy's love
for horses. The setting of the story and the narrative are superb. One is able to identify with the
lad's innocence, to feel his emotions, and to share
his concern for Ruibarbo's fate. In this story
Blanco displays an admirable command of style
and language.

ADIÓS A RUIBARBO

Mañana a ° mañana, casi al filo del alba,° el chico llegaba a sentarse en la acera empedrada,° frente al portón ° de la panadería.° Adoptaba siempre la misma postura: cruzadas las piernas, las manos cruzadas delante de ellas, la vista fija en el callejón ° que conducía a las caballerizas.° Sus ojos eran hondos,° eran negros, miraban de una manera extrañamente intensa. Esperaba con esa dulce,° cristalina paciencia de los ojos de niño. A veces la brisa del amanecer producía en su cuerpo un leve estremecimiento,° a veces era el sol recién nacido el que le penetraba en quieta caricia.° Todo él, sin embargo, se concentraba en la mirada— en las pupilas inmóviles, que no se apartaban del punto por donde asomarían los caballos—y sólo parecía tornar ° a la vida cuando se escuchaban desde dentro las voces de los conductores y restallaban las fustas,[1] y sobre los adoquines ° comenzaba a resonar el eco marcial de las herraduras.°

Luego aparecía el primer carro. Salía muy despacio, porque el callejón era angosto y al dueño le molestaba que los ejes rasparan el adobe de los muros.[2] Los hombres lanzaban imprecaciones,° más quizá por costumbre, por una especie de rito del gremio,° que porque estuvieran en realidad airados.°

Pero el chico no los oía, no los veía. Contem-

after/break of dawn
paved
gate/bakery

alley/horse stables
deep-set

sweet

slight shudder
caress

to return

paving-stones
horseshoes

curses

trade
irritated

---

[1] **restallaban . . . fustas:** *the whips would crack*
[2] **y . . . muros:** *and it bothered the owner that the axles scraped the adobe walls.*

plaba a los caballos. Los contemplaba con rostro
amical,° insinuada en sus labios no una sonrisa,   *friendly*
sino la sombra, el soplo ° de una sonrisa. Si podía   *breath (i.e., a hint)*
los tocaba. Les daba unas palmaditas fugaces en
las paletas o en las ancas [3] a medida que emergían
a la calle. Susurraba ° sus nombres, igual que si   *he would whisper*
fueran un secreto entre ellos y él:

—Pintado . . . , Canela . . . , Penacho . . . ,
Ruibarbo . . .

Eran cuatro. Dos marchaban hacia un lado, dos
hacia el lado opuesto. El muchacho también se
marchaba cuando habían desaparecido. Se alejaba
paso a paso, y sus piernas y su cuerpo se prolon-
gaban a su espalda, en una sombra interminable,
y era la sombra una imagen de su deseo de que-
darse allí, junto al portón, aguardando.° Se dirigía   *waiting*
a la escuela, que estaba al oriente ° de la ciudad.   *east*
La ciudad era pequeña, de no muchos habitantes.
Tenía sólo diez o doce casas grandes, con oficinas,
y unas pocas avenidas con pavimento de concreto.
El resto era provinciano, antiguo: calzadas polvo-
rientas,° construcciones de un piso,° techos de te-   *dirt roads/floor*
jas ° y verjas ° de hierro forjado.° Todavía algunos   *tiles/fences/*
hombres y mujeres temían ir al centro ° y afrontar   *forged iron*
                                                        downtown
los escasos letreros luminosos,[4] los dependientes °   *clerks*
pulcros,° los automóviles. Algunos iban única-   *neat*
mente en el tiempo de Navidad.

El chico no iba casi nunca. De la escuela bajaba al río, del río a almorzar y luego de nuevo a
la panadería.

Ahora era la tarde, las cuatro de la tarde, o las
tres y media, y la sombra venía delante suyo,°   *ahead of him*
como si su impaciencia la hiciera adelantarse. Era
la hora de la siesta. Los caballos reposaban, de-
suncidos, en sus pesebres.[5] Hasta su lado llegaba

---

[3] **Les . . . ancas:** *He would give them a few fleeting
pats on the shoulder or rump*

[4] **afrontar . . . luminosos:** *face the few neon signs*

[5] **reposaban . . . pesebres:** *were resting, unyoked in
their stalls.*

él, con ese andar lento, que era una excusa, y se
les aproximaba y volvía a hablarles:

—Canela.

—Ruibarbo.

—Pintado.

Ellos abrían los grandes ojos, mansos y adormi-
lados, y lo miraban apenas. Los dos más jóvenes
parecían entenderle mejor, parecían recoger la
cálida ternura, el trémolo de bondad que latía en
su voz.[6] Parecía que le escucharan, que le repli-
caran incluso,[7] en cierta forma misteriosa. Los
viejos no. Los viejos—para los que su afecto era, *nevertheless*
no obstante,° más profundo—se limitaban a alzar
los párpados ° y mostrarle sus pupilas desprovis- *to raising eyelids*
tas ° de visión, donde anidaba ° una indiferencia *devoid/lived*
muy larga y muy ancha. Los dedos del chico se
escurrían ° en pausada caricia por sus pelambres ° *slipped/hair*
llenas de sudor.° A él le agradaba el olor a sudor *sweat*
que le quedaba después en la piel.° Le agradaba *skin*
sentirlo, guardarlo en sus manos, dormirse en la
noche aspirando.° *breathing it in*

—Manco,[8] manco—murmuraba.

Los caballos jóvenes, sin hacer un movimiento,
respondían. Los viejos no. Pero su piedad era para *it pained him/*
éstos, y le dolía ° que no la recogieran,° que fuera *didn't pick it up*
tan poderoso su derrumbamiento, su aniquilamien-
to; que los hubieran vaciado tan íntegramente por
dentro a fuerza de desamor.[9] Que se hallaran
secos,° igual que se secan los charcos ° en el ve- *dry/puddles*
rano. Secos y opacos, colosalmente indiferentes,
incapaces de recibir el cariño ° que él les traía, *affection*
ya que no de darle el de ellos.

En sus belfos ° creía el niño descubrir un gesto *lips*

---

[6] **parecían . . . voz:** *it seemed as if they appreciated
the warm tenderness with which he talked to them.*

[7] **le . . . incluso:** *they even answered him*

[8] **manco:** Chilean for *nag*

[9] **que fuera . . . desamor:** *that their destruction and
annihilation was so total; that they were so empty inside
because of the absence of love.*

amargo,° de amargura en sí, sin tema; amargo no   *bitter*
porque tuvieran nostalgia del agua de los arroyos
o del pasto libre, lozano de los potreros,[10] sino
porque no sabían lo que era nostalgia. Amargo
con una amargura difusa—espectro de amargura
—que había ido quedándose en ellos a través de
los días y los días y los días parejos,° amorfos;°   *even/shapeless*
de las horas parejas, sin minutos ni segundos; de
las horas inmóviles, que dan lo mismo,° que se   *monotonous*
acumulan y aplastan ° desprovistas de alternativas   *become flat*
y de esperanzas y de sorpresas, que son una interminable siesta o un infinito trotar calle abajo y luego
calle arriba, por calles invariables, en un derrotero °   *route*
invariable, cansado, agotado: una suerte de vía cru-
cis ° sin la cruz ni la grandeza del sacrificio. Nada.   *way of the Cross*
Sólo la nada, vasta, vasta.
    —Manco . . .
    Él les perdonaba que fuesen así. Intuía,° con   *he sensed*
la vaguedad precisa con que intuye la infancia,
que eran incapaces de otra reacción, de cualquier
reacción, y que su apatía no era voluntaria, sino
una incontrastable ° imposición de su existencia.   *insurmountable*
No habrían podido odiarle, igual que no podían
amarle. Si no vivían, si únicamente estaban, ¿qué
derecho había a exigirles? [11]
    Su mano se perdía morosamente en las ásperas
pieles, sorteaba con cuidado las mataduras,[12] hablaba un lenguaje de comprensión. De esa comprensión vaga y precisa que no cabe en palabras
y de cual sólo es capaz el alma de un niño; que
más que comprensión es identificación, es sentir
el dolor en carne propia,° cual si la fusta y el tedio   *one's own flesh*
y la estrechez ° fueran para él también, y él tam-   *narrowness*

---

[10] **pasto . . . potreros:** *free and healthy grass of the*
pastures
[11] **¿qué . . . exigirles?:** *what right did he have to de-*
mand anything of them?
[12] **Su mano . . . mataduras:** *His hand would slowly*
disappear in the rough hide, he would carefully avoid the
sore spots

poco poseyera la libertad de buscar la sombra de
los árboles o el quieto frescor de los esteros.°   *creeks*

Lo conocían ya los hombres de la panadería y
lo dejaban quedarse allí.

—Entra, Potrillo—le decían al verlo en la puerta.

Y él entraba sin articular palabra, con la clara
elocuencia de sus ojos no más, y se movía suavemente, sin ruido, y se ponía junto a sus amigos a
practicar ese íntimo rito suyo de comunión.

—Manco, manco . . .

En más de una oportunidad le ofrecieron subirlo
sobre el lomo de alguno de los caballos.

—¿Quieres dar una vuelta,° Potrillo?   *to take a ride*

—No.

—¿Tienes miedo?

—No.

—¿Entonces?

—No quiero.

—¡Ah, tienes miedo!

Lo dejaban. Y él no tenía miedo. Tenía una
especie de vergüenza de que le propusieran eso,
porque era humillante para las bestias, y era cruel.
Era recordarles su servidumbre, mientras él no an-
helaba sino la muda hermandad que le ligaba ° a   *bonded him*
ellos y los hacía un poco sus semejantes.° Le gus-   *fellow men*
taba, por eso, que le llamaran Potrillo. Por eso le
gustaba el olor que en su epidermis dejaba el sudor
de las ásperas pelambres.

Cuando se iba al río, se echaba boca abajo [13]
sobre una piedra enorme—siempre la misma—y
se dedicaba a soñar despierto. Imaginaba una especie de invariable cuento de hadas: ° él era rico,   *fairy*
muy rico, dueño de un reino con castillos de do-
radas ° puertas y palacios y lagos tranquilos, y en   *golden*
medio del mayor de los lagos había una isla ancha,
lisa,° cubierta toda de césped, y allí enviaba él a   *smooth*

---

[13] **se echaba . . . abajo:** *he would stretch out on his
stomach*

los caballos, los de todas las panaderías del reino, y les tenía arroyos y árboles y unos pesebres ° in- *stalls* mensos y hermosos, y nadie podía maltratarlos ni montarlos, porque él había impuesto pena de muer- te ° a quien lo hiciera, y en un lugar de privi- *the death penalty* legio de la isla habitaban Ruibarbo, Pintado, Ca- nela y Penacho; ya a los ojos de Canela y Ruibarbo había tornado la visión, y eran unos ojos vivos, alegres, mansos siempre—claro—, pero brillantes de felicidad, plenos ° de paz, y él los observaba y *full* les hablaba y ahora sí que le comprendían, y los dos se iban con él, andando, andando, bajo los olmos ° y las higueras,° y se metían por unos va- *elm trees/fig trees* dos ° pedregosos ° y entre las ramas que se tra- *fords/rocky* baban ° por sobre sus cabezas veían el cielo, con *crossed* un sol perenne y tibio, que no daba calor, sino sólo infundía al cuerpo una sensación de gozosa tibieza, y cuando llegaba la noche—a veces—él dejaba sus asuntos ° de Estado para quedarse a *affairs* dormir con sus amigos, acostado en el pasto, entre los cuerpos gigantescos, suaves, amables, y al ama- necer siguiente lo despertaban, cual clarines,° los *like bugles* relinchos ° de Ruibarbo y Canela, y abría los pár- *neighing* pados, y ante él se hallaba el mágico espectáculo de las crines ° y las largas colas ° flotando en el aire, *manes/tails* mientras los animales galopaban por la llanura ...

Un día, al salir al reparto el carro tirado por Ruibarbo,[14] el anciano conductor dijo al chico:

—Despídete de él, Potrillo.

Su mirada honda preguntó por qué.

—El patrón lo vendió.

—¿A quién?

Quiso el hombre callar, pero la mirada del niño era demasiado poderosa para resistirla. Con voz ronca ° le explicó que lo llevarían al día siguiente *hoarse* al matadero,° que harían charqui ° de él. *slaughterhouse/ jerked meat*

Al matadero. Se fue el muchacho pensativo,

---

[14] **al salir . . . Ruibarbo:** *when the wagon pulled by Ruibarbo went out to deliver*

calle abajo. Su hermana había ido al matadero una vez y le contó cómo era, cómo un hombre que vestía un delantal° sangriento se había acercado a un buey° y le había clavado° su enorme cuchillo, y el buey no murió al primer golpe y observaba con expresión bondadosa, sin rencor ni rebeldía, al verdugo.° Parecía pedirle que acabara pronto. Mientras, la sangre fluía de la ancha herida° y algo se apagaba a pausa en sus pupilas.[15]

    apron
    ox/stuck

    executioner

    wound

Llegó el chico al río. Una bandada de garzas se alzó, eglógica, sobre el cauce.[16] Un perro le siguió a corta distancia durante un trecho.° Mas él no percibía nada. En su mente no resonaba sino la palabra fatídica:° el matadero, y ante su vista no había sino el delantal manchado de rojo, la hoja° de metal, filosa,° la quieta agonía que imaginaba a Ruibarbo.°

    stretch

    fateful
    blade
    sharp
    in Ruibarbo

Una lágrima, sola, rodó por su mejilla.[17]

Era la hora de la escuela. No fue a la escuela. Permaneció la mañana entera tendido° en su roca, no soñando como siempre, sino meditando, obsesionado, desesperado. Almorzó maquinalmente con la cabeza baja y la garganta° estrecha° de angustia. Nadie en su casa lo notó. Era una casa pobre, donde había preocupaciones más graves que la suerte de un jamelgo.°

    stretched out

    throat/tight

    nag

En la tarde se encaminó a la panadería y se quedó hasta que ya estuvo oscuro junto al viejo Ruibarbo, murmurando su rito inútil:

—Manco, manco, Ruibarbo . . .

De pronto oyó que cerraban las puertas y colocaban trancas.[18] Alguien se despedía.

—Hasta mañana, patrón.

[15] **algo . . . pupilas:** *something was slowly dying out in his pupils.*

[16] **Una . . . cauce:** *A flock of herons started to fly over the riverbed in a bucolic scene.*

[17] **rodó . . . mejilla:** *rolled down his cheek.*

[18] **colocaban trancas:** *the crossbars were being placed.*

—Hasta mañana. ¿Les pusiste agua a los caballos?

—Sí.

—¿A los cuatro?

—Bueno, al Ruibarbo no. Sería darles trabajo
de más a los charqueadores.°   *butchers*

Sonó una carcajada. El chico se estremeció. No
hizo ningún movimiento. Esperaría a que se fueran y daría de beber a su amigo.

Se escucharon pasos aún, voces que iban apa-
gándose;° después, un largo rato durante el cual   *dying out*
no hubo ruido alguno, fuera del que producían
los animales con su lento masticar del forraje.[19]
Se asomó al patio. Una luna blanquecina había
salido ya y lo alumbraba° todo vagamente. Se   *lit up*
dirigió a la llave° de agua con andar sigiloso, bus-   *faucet*
cando los rincones. Al pasar frente al callejón de
salida se le ocurrió una idea que hizo latir° más   *beat*
aprisa su corazón: corrió jadeando° junto a la   *panting*
entrada y comenzó a hurgar a tientas [20] hasta que
encontró la tranca,° que pesaba mucho. La alzó   *crossbar*
a duras penas.[21] Cuando lo hubo conseguido, el
madero° se vino al suelo con estrépito.[22] Creyó   *beam (crossbar)*
que iba a llorar, mas se contuvo, porque tenía
demasiado miedo. Se replegó sobre sí mismo, ovillándose.[23]

Esperó.

Una ventana se abrió en el segundo piso y
apareció el panadero, que oteó° en torno° con   *looked down/around*
mirar minucioso. Se volvió en seguida hacia aden-
tro.

—No es nada, mujer—dijo—. Sería° uno de   *it must have been*
los caballos, que ha estado intranquilo.

[19] **lento . . . forraje:** *slow chewing of the hay.*
[20] **hurgar a tientas:** *to search by feel*
[21] **La . . . penas:** *He raised it with great difficulty.*
[22] **el . . . estrépito:** *the crossbar fell loudly to the
floor.*
[23] **Se . . . ovillándose:** *He folded himself into a ball.*

Luego cerró.

El chico permaneció quieto por interminables minutos. Una campana ° de reloj dio la hora, pero él no atinó ° a contar. Aún dio el reloj un cuarto [24] antes de que se atreviera a cambiar de postura. Lleno de precauciones se levantó, fue hasta la caballeriza de Ruibarbo, desató ° la cuerda que lo ligaba ° a un poste y comenzó a conducirlo ° hasta el portón. El animal se resistió al principio, mas pronto lo siguió, a paso lento. Le parecía al niño que nunca habían resonado tanto las herraduras sobre los adoquines.

La espesa hoja de madera se abrió con voz de vieja, quejándose.[25] No se atrevió a cerrarla.

En la calle no había nadie, ni encontraron a nadie en el trecho breve que distaba la panadería del río. Así alcanzaron el puente, a cuyo extremo opuesto el llano y los cerros se abrían libres, semejantes un poco al reino ° con que él soñaba, revestidos de magia por la claridad de la luna. Presa ° de emoción, quitó la cuerda del cuello ° de Ruibarbo, le dio unas palmadas de afecto y le susurró cálidamente:

—¡Adiós!

El caballo permaneció unos momentos inmóvil, cual si ° no entendiera. Después dio media vuelta y se fue trotando, trotando, hasta el portón de la panadería, por el que ° desapareció . . .

bell

he didn't manage

he unfastened
tied/guide it

kingdom

seized/neck

as if

through which

---

[24] **Aún . . . cuarto:** *the clock struck another quarter-hour*

[25] **La . . . quejándose:** *The thick wooden door opened, sounding like a grumbling old woman.*

EJERCICIOS

I. Conteste las preguntas siguientes en clase.

1. ¿Qué hacía el chico todas las mañanas?
2. ¿Qué postura adoptaba?
3. ¿Cómo eran sus ojos?
4. ¿Qué podía oírse desde dentro?
5. ¿Qué les hacía el chico a los caballos si podía?
6. ¿A dónde iba el muchacho cuando desaparecían los caballos?
7. ¿Cómo era la ciudad?
8. ¿Qué hacían los caballos cuando estaban reposando y llegaba el niño?
9. ¿Por qué no respondían al afecto del muchacho los caballos viejos?
10. ¿Qué creía descubrir en sus belfos?
11. ¿Por qué eran incapaces de otra reacción?
12. ¿Cómo se identificaba el niño con los caballos?
13. ¿Por qué no quería Potrillo dar una vuelta en un caballo?
14. ¿Qué hacía Potrillo cuando iba al río?
15. ¿Quién imaginaba que era?
16. ¿Qué le dijo un día el anciano conductor?
17. ¿Qué le iban a hacer a Ruibarbo?
18. ¿Por qué nadie notó en su casa que el niño estaba triste?
19. ¿A dónde fue por la tarde?
20. ¿Por qué no le dieron agua a Ruibarbo?
21. ¿Qué decidió hacer el niño?
22. ¿Qué idea se le ocurrió después?
23. ¿Qué pasó cuando le quitó la cuerda a Ruibarbo?
24. ¿Es irónico el final? ¿Por qué?
25. ¿Qué puede representar el niño?

26. ¿Cuál es el resultado del desamor?
27. ¿Es un niño ordinario este chico?
28. ¿Cómo describe Ud. la personalidad de este chico?
29. ¿Es cruel la vida que observa este chico?
30. ¿Cómo nos muestra la diferencia entre la indiferencia y la bondad el autor?

II. Sinónimos. De la lista a continuación, sustituya un verbo, palabra, o frase similar en significado al verbo, palabra, o frase en bastardilla en cada oración. Haga todos los cambios gramaticales necesarios.

1. Los hombres lanzaban *malas palabras.*
2. La escuela estaba al *este* de la ciudad.
3. Ese acto causó la *destrucción* de su gobierno.
4. El sentía el dolor de los caballos en *sí mismo.*
5. *Al amanecer,* el chico se sentaba frente al portón de la casa.
6. Los ojos del chico eran negros y *profundos.*
7. A veces la brisa del amanecer lo hacía *temblar.*
8. Los trabajadores de la panadería pertenecían a un *sindicato.*
9. El resto de la ciudad tenía *calles* polvorientas.
10. La Biblia dice que amemos a nuestros *hermanos.*

a. oriente
b. al filo del alba
c. gremio
d. semejante
e. imprecación
f. carne propia
g. estremecer
h. derrumbamiento
i. hondo
j. calzada

III. Antónimos. De la lista a continuación, sustituya un verbo o una palabra con significado opuesto al verbo o a la palabra en bastardilla en cada oración. Haga todos los cambios gramaticales necesarios.

1. El niño estaba *lleno* de amor.
2. Los habitantes temían ir a *las afueras* de la ciudad.
3. *Saluda* a tu tío, niño.
4. *Gritaba* sus nombres:—Pintado . . . , Canela . . . , Penacho . . . , Ruibarbo.
5. El panadero *trabajaba* ocho horas todos los días.
6. Los caballos eran *salvajes*.
7. Lograron cambiar *en parte* su punto de vista.
8. *Aplastaron* sus deseos de estudiar en la universidad.
9. El niño tenía una voz *aguda*.
10. Era un niño *descuidado*.

    a. desprovisto   e. centro   h. apoyar
    b. despedirse   f. susurrar   i. ronca
    c. reposar   g. manso   j. pulcro
    d. íntegramente

IV. Complete las oraciones siguientes con palabras o frases tomadas de la lista a continuación. Haga todos los cambios gramaticales necesarios.

1. Comenzaban a trabajar al almanecer en la _____ para tener listo el pan que se comía por la mañana.

2. El portón de _____ se abrió con voz de vieja.

3. Una lágrima, sola, rodó por su _____.

4. Un hombre que vestía un delantal sangriento le había _____ su enorme cuchillo al caballo.

5. _____ la cuerda que ligaba a Ruibarbo a un poste.

6. Al dueño le molestaba que los ejes _____ el adobe de los muros.

7. Los acariciaba dándoles unas _____ fugaces en las cabezas.

8. Llevaron a Ruibarbo al _____ porque era viejo e inútil y allí era donde terminaban todos los caballos viejos.

9. En el establo había cuatro _____ donde comían y dormían los caballos.

a. mejilla   d. madera   g. palmadita
b. desatar   e. panadería   h. clavar
c. pesebre   f. matadero   i. raspar

V. *Traduzca las oraciones siguientes. Están basadas en oraciones que aparecen en el texto.*

1. He didn't dare shut the gate.
2. He pardoned them for being like that.
3. The old man wanted to keep quiet.
4. He spent the whole morning stretched out on his rock.
5. He lifted the crossbar with a lot of trouble.
6. He folded himself into a ball.

VI. ¿Son verdaderas o falsas las oraciones siguientes?

1. Al niño le gustaba ver pasar los caballos.
2. Los conductores lanzaban imprecaciones porque estaban airados.
3. La ciudad tenía todas las calles pavimentadas.
4. Casi todo el mundo se reunía en el centro diariamente.
5. Los caballos viejos eran indiferentes al afecto del niño.
6. Al niño le llamaban Potrillo por su amor a los caballos.
7. El niño no aceptaba dar una vuelta a caballo porque no sabía montar.
8. El niño deseaba tratar a los caballos como amigos privilegiados.
9. Un día le dijo el conductor que iban a matar a Ruibarbo.
10. El niño no fue a la escuela porque no le gustaba estudiar.
11. A Ruibarbo no le pusieron agua porque no tenía sed.
12. El niño fue a la panadería para ver a Ruibarbo por última vez.
13. El niño decide llevarse a Ruibarbo y soltarlo en el llano.
14. Después de ser soltado, Ruibarbo regresa a la panadería porque estaba acostumbraa ello.

Edmundo
Desnoes

Cuba

A new breed of writers who are politically committed to the new social system has been produced by the Cuban revolution. Among the best of these authors is Edmundo Desnoes. Born in Havana in 1930, he lived for several years in the United States, where he worked for the magazine *Visión*. He returned to Cuba after the triumph of the revolution against Batista. Since 1959 he has served the government in various editorial positions.

The following narrative was specially written by Desnoes for the filming of *Memorias del subdesarrollo,* a novel published in 1965.

Una aventura en el trópico * is an account of a visit to Hemingway's former home near Havana, now a museum. The protagonist of the story intermingles his thoughts and personal life with the guide's description of Hemingway's home and habits.

* Because of the length of this story, we recommend that it be read in two parts.

UNA AVENTURA
EN EL TRÓPICO

Volví a toparme° con un grupo de rusos en la casa, no, ya está muerto, en el museo de Hemingway. Siempre la misma cosa. No hacía ni cinco minutos que habíamos llegado cuando entró también allí mismo una penetrante peste° a vida, y empezó a gesticular: "Compañera, favor, *pallalsta*.[1] Ahí, un minuto, favor, fotógrafa." Lo miré bien, entre atraído y repelido; era rubio, con una cara enorme, como una nalga,[2] con la pequeña cámara negra meciéndose encima° de una camisa de cuadros° azules. Movía las manos hacia Elena insistentemente, como deteniendo algo, pidiéndole la misma inmovilidad de los trofeos de casa colgados por las paredes de la sala.[3] Le indicó sonriendo un punto debajo de la cabeza inmóvil de un antílope de ojos vidriados° y enroscada° cornamenta.[4] Mientras Elena colocaba° desenfadadamente° una pierna delante y la otra un poco más atrás y extendía una mano sobre el espaldar de un sillón tapizado° con una escena de cacería,° dos hombres y una mujer, otros tres tufos ácidos

I met again

stench

dangling over
checkered

glass/curling
placed
calmly

upholstered/hunting

---

[1] **pallalsta:** Desnoes' rendering of *pazhalusta* or *pajalusta,* Russian for *please*

[2] **con . . . nalga:** i.e., *with a huge round face*

[3] **trofeos . . . sala:** *hunting trophies hung on living room walls.*

[4] **un . . . cornamenta:** *a spot under the antelope's head with glass eyes and curling horns.*

121

y penetrantes,[5] se detuvieron detrás del fotógrafo, que cambió varias veces de posición con la cámara negra junto a la cara.

Siempre lo mismo. Los mismos turistas de siempre. La gran potencia ° visita una de sus colonias; los emisarios. Es del carajo.[6] Un poco más humildes,° es verdad, y sin propiedades físicas en Cuba, pero la actitud es la misma. Además, lo que no sacan [7] en dólares lo obtienen en propaganda. Y lo más triste sería descubrir que tienen razón, que la vida es así. Una actitud muy parecida ° a la de Hemingway. Para eso solamente sirven los países atrasados,° para la vida de los instintos,° para matar animales salvajes, pescar o tirarse ° en la arena a coger sol. Para gozar ° de la vida. Todos los rusos estaban tostados, bronceados. Para ellos, Elena era a *beautiful Cuban señorita*.

"Esa pose es ya muy anticuada—le dije para meterme de cabeza ° también en el juego—, abre las piernas con arrogancia como si fueras un muchacho y estira ° los brazos como si estuvieras a punto de salir huyendo del cazador . . ."[8] "Cállate ya," me dijo sonriendo. La muy puta estaba gozando su papel de animal exótico y subdesarrollado.° El antílope inmóvil, Elena inmóvil, y luego sonrió otra vez. Los soviéticos, como ahora llaman aquí a los rusos, sonrieron amablemente, ingenuos,° con sonrisas picadas por dientes de oro.[9] "*Espasiva,*[10] compañera, *espasiva,* muchas gracias. *Krasivinka,*[11] muy bonita, *espasiva.*"

power

humble

similar

backward/pleasure
to lie down
to enjoy

to plunge into

stretch

underdeveloped

naive

---

[5] **otros . . . penetrantes:** *three other rancid and penetrating stenches*
[6] **Es del carajo:** *It's a pain in the ass.* (*Carajo* is a fairly strong slang term.)
[7] **lo . . . sacan:** *whatever they don't take*
[8] **como . . . cazador:** *as if you were about to escape from the hunter.*
[9] **con . . . oro:** *with smiles that showed gold teeth.*
[10] **espasiva:** Desnoes' rendering of *spasiba,* Russian for *thank you*
[11] **krasivinka:** Russian for *pretty*

"Éste se llama un ciervo ° jirafa, es una gacela °   *deer/antelope*
muy apreciada en África por la belleza de los
cuernos ° elegantes y enroscados—explica el guía   *horns*
mulato con monotonía religiosa—. El cuello largo
es también uno de los atributos de su belleza.
Hemingway apreciaba mucho esta pieza,° es un   *animal*
animal difícil de encontrar; cuando Hemingway la
vio vaciló ° antes de disparar, no se atrevía a tirar-   *he hesitated*
le [12] por el efecto que le produjo su extraordinaria
gracia y belleza. Era una de sus piezas favoritas
de caza."

Me aparté para no seguir oyendo la repelente
letanía. Tal vez Hemingway bebía para olvidar
que había matado esos animales tan indefensos,
pensé al ver la mesa con varias botellas vacías de
whisky y vino español y coñac, aunque decía que
mataba para no matarse. Ahora él también está
muerto. Nos asomamos a ° la ventana abierta en-   *we looked out*
tre la cabeza del antílope y un cartel ° anunciando   *poster*
una corrida de toros. Los cuatro rusos pasaron
frente a la ventana, y el grupo se colocó debajo
de la ceiba,° el tronco gordo ° era casi tan sólido   *silk-cotton tree/thick*
como los cuerpos abarrilados,° uno junto al otro;   *barrel-like*
la mujer, con las manos sobre la falda de flores
diminutas y silvestres; ° los hombres, con los bra-   *wild*
zos cruzados sobre camisas azules y verdes de
cuadros o de nailon [13] amarillento, sucio y transpa-
rente. ¡Cómo se parecen a ° los americanos! Están   *they look like*
desesperados por ser los americanos del futuro,
admiran más a Hemingway que a Fidel, me la
corto ° si no admiran más a Hemingway que a   *I bet anything*
Fidel. "Son feos," comenta Elena. "Así y todo
serán los dueños del mundo." "No me importa—y
Elena comienza a cantar—. *Sombras nada más,
entre tu amor y mi amor* . . . Vamos, vamos a
ver el resto de la casa."

Cuando entramos en una pequeña saleta,° Elena   *living room*

---

[12] **no . . . tirarle:** *he didn't dare to shoot at it*
[13] **nailon:** Anglicism for *nylon*

se quitó los zapatos para caminar sobre la piel del
león despatarrada ° en el suelo. Inmediatamente   *stretched out*
pensé en las mujeres que habían visitado a Hem-
ingway en aquella misma casa: Ava Gardner, In-
grid Bergman, Marlene Dietrich. Probablemente
también se quitaron los zapatos para sentir la piel
muerta del león bajo sus pies. Recibí un golpe bajo
al descubrir que Elena no compartía nada de lo
que me pasaba por la cabeza.[14] Se puso los zapatos
y cortó ° groseramente ° un semicírculo en el aire,   *she made/obscenely*
con el índice,° y se dio una palmada en el muslo: *forefinger*
"¿Aquí vivía el míster Way ese? Yo no le veo
nada del otro mundo a esta casa, la verdad, libros
y animales muertos. Buena mierda. Se parece a la
casa de los americanos del central Preston." [15]

Era verdad. Parecía la casa de un administrador
de ingenio ° americano, así mismo vivían. No lo   *sugar mill*
había pensado antes y Elena lo descubrió. Si qui-
siera, Elena podría desarrollarse ° . . . Tiene una   *develop her mind*
inteligencia natural. Eso que sólo era una idea
sutil.° Sí, eran los típicos muebles de una familia   *subtle*
norteamericana de la clase media, del Middle
West, con los sillones tapizados con escenas de
cacería inglesa, la mesita con bebidas, el revistero,°   *magazine rack*
hasta los carteles picúos ° de toros. "Los mismos   *corny*
muebles y el mismo olor ése a americano." [16] Le
pregunté cómo olían los americanos y en seguida
me contestó: "Ay, viejo, yo no sé. Olor a nailon,
a pasta de dientes, a gelatina de frambuesa,° a   *raspberry*
creyón de labios,° a desodorante y eso. Los ameri-   *lipstick*
canos tienen un olor peculiar y los rusos peste." °   *stink*
Lo que pasa es que no se preocupa. Nada se

[14] **Recibí . . . cabeza:** *I was hurt when I realized that
Elena was not sharing what I was thinking.*
[15] **central Preston:** Preston Sugar Mill, a big mill in
Oriente Province. It belonged to the United Fruit Company.
[16] **el mismo . . . americano:** *that same American kind
of smell.* (*Ese* after the noun suggests a contemptuous attitude.)

profundiza en su cabeza. Cuando dice cosas así,
le salen° espontáneamente. Yo creía que había   *they come out*
pasado toda su vida en La Habana. No sabía que
había estado en Oriente, que conocía los grandes
centrales azucareros americanos. No me había con-
tado nada. "Ni me acuerdo ya. El escándalo que
nos dieron a mi prima y a mí. De madre."[17]
Tuve que insistirle, no quería hablar. "Yo no sé,
la puerta estaba abierta. Una puerta igualita que
aquella de allí, con tela metálica,° le traíamos la   *a screen*
ropa limpia a la americana, la puerta estaba abier-
ta, y no sé cómo fue pero entramos en un cuarto
donde la americana estaba tirada en la cama medio
desnuda, cortándose las uñas° con la cara blanca,   *nails*
llena de crema . . . Nos insultó." Volví a insistir.
"Yo no sé, no entendía nada, empezó a gritarnos
en inglés . . . Yo no le miraba la cara, me quedé
paralizada, yo sólo le miraba unos pantaloncitos
negros que tenía con encajes.° Como unos que me   *lace*
diste de tu mujer . . . No me hables de eso, yo
no hice nada. Yo no quiero hablar de nada." Le
pregunté cuántos años tenía entonces. "Diez o
doce, ni sé, no importa. Mi padre estaba sin trabajo, comiéndose tremendo cable, lo botaron de
las guaguas,[18] y me mandaron con mi tía. Mi tía
era lavandera.° No quiero hablar más de eso. Me   *laundress*
ahogo.° Por eso no me gusta recordar nada, pre-   *I can't stand it*
fiero inventar cosas . . ."

La habitación de Hemingway me impresionó de
verdad. Algo y todo demostraban un gran despre-
cio por la vida. La gente desperdicia y malgasta°   *squander*
y es generosa cuando lo tiene todo en abundancia.
Todo estaba tirado, regado,° en desorden conscien-   *scattered*
te; habían inmovilizado la casa como la vida de
Hemingway. Todo estaba tieso.° Se veía rígido.   *stiff*
Pero los muebles estaban colocados de cualquier

---

[17] **De madre:** *It was really something.*
[18] **comiéndose . . . guaguas:** *going through real hard
times, he had been fired from the bus company*

forma; recuerdos de todo tipo tirados sobre la mesa: una cruz gamada ° nazi, arrebatada ° durante la segunda guerra mundial al enemigo, a una de sus víctimas, probablemente a un cadáver podrido;° una fotografía ovalada de cuando era joven; unos espejuelos ° viejos con una delicada armadura de hierro; anzuelos disfrazados de insectos; monedas [19] de otros países; papeles llenos de apuntes; ° un ridículo 'sputnik' dorado. Todo así. Lo que realmente me impresionó fue el aire austero, monacal,° de la habitación, de su habitación. Faltaba el guitarrista de Juan Gris [20] detrás de la cama y había un rectángulo más pálido, más limpio, en el sitio en que durante tantos años estuvo colgado el óleo.° Me sonreí, yo era un intruso allí, un violador de tumbas, todo aquello lo había leído en algún artículo, en un libro, como había leído que su Smith-Corona era su único psiquíatra; recordaba cosas a cada paso, lo había visto allí fotografiado en *Life*: Hemingway en *shorts,* sentado sobre la cama, detrás el frío Juan Gris, y todo rodeado de gatos elásticos.

"Eh, ¿por qué está aquí?", exclamó Elena deteniéndose junto a la máquina de escribir sobre un enorme diccionario en un librero.° "¿Dónde querías que la pusiera?", le dije irritado. "En la mesa, allí. La tuya siempre está junto a la mesa." "Hemingway escribía de pie," fue todo lo que atiné a decirle, conmovido y avergonzado. "¿Por qué tú no escribes también de pie?" "No sé, creo que tenía almorranas." ° ¿Lo habré leído o lo habré inventado?

Nos quedamos en silencio un rato y Elena empezó a tocar una por una, levemente, todas las teclas ° de la máquina de escribir. En eso entró

swastika/snatched

rotten

glasses

notes

monastic

oil painting

bookcase

hemorrhoids

keys

---

[19] **armadura . . . monedas:** *iron frame; fish-hooks disguised as insects; coins*
[20] **guitarrista . . . Gris:** a painting by a Spanish cubist painter

el guía, yo creí que regañaría° severamente a   *he would scold*
Elena, pero no, empezó a hablar con una voz
suave, llena de respeto y elocuencia y sumisión:
"Todas las mañanas Hemingway se levantaba muy
temprano y se ponía entonces a escribir ahí mismo
donde usted está parada, señorita, sin camisa y
descalzo, le gustaba sentir el frío piso de losetas°   *tiles*
españolas bajo los pies o de lo contrario esa
suave piel de kudu."° "¿Y usted de dónde salió?   *African antelope*
—le preguntó Elena frunciendo el ceño;° las ven-   *frowning*
tanas de la nariz le temblaban—. Yo no lo vi
cuando entró." El mulato, con su cara redonda
más redonda todavía, parecía estar avergonzado y
orgulloso. "¿La asustó?° Perdone si la asusté. Es-   *Did I frighten you?*
taba con los soviéticos hasta ahora . . . ¿No me
vio? Entré por la puerta, es que yo camino muy
sigilosamente,° como una pantera, me decía Hem-   *silently*
ingway. Usted sabe una cosa, cuando escribía, yo
era la única persona que podía entrar en la habitación, se ponía ahí mismo. Me dejaba entrar
porque yo no hacía bulla° cuando entraba, usaba   *noise*
estos mismos tenis . . ."

Se apoyaba con las canillas[21] contra la cama,
todo vestido de blanco, el pantalón almidonado°   *starched*
más blanco que las sábanas.° Entonces me acordé,   *sheets*
se llamaba René Alcázar, no Villarreal, y Hemingway lo había encontrado jugando por las calles de
San Francisco de Paula. Eso también lo leí en alguna parte. Se ve que Hemingway lo amoldó a sus
necesidades, el criado fiel perro del gran señor. El
colonizador y Gungha Din. Hemingway, de todas
maneras, debió haber sido un tipo insoportable.°   *insufferable*

"Trabajaba hasta las once, más o menos, entonces iba y se daba un baño en la piscina. Siempre le gustaba darse un chapuzón° después de   *to take a dip*
trabajar y antes de almorzar. Aquí, en este librero,
están las diferentes ediciones de sus libros en todos
los idiomas del mundo. Mire, acérquese, ésta es la

---

[21] **Se . . . canillas:** *He was leaning with his legs*

edición rusa; cuando estuvo aquí el señor Mikoyan, trajo estos libros y este pequeño *souvenir,* es un 'sputnik.' Las obras de Hemingway están traducidas a todos los idiomas del mundo, hasta las publicaron en japonés. Esta es una edición de *Adiós a las armas* en japonés . . ."

Yo me fijé que tenía también allí las obras completas de Mark Twain y que había escrito en *Las verdes colinas de África* que toda la literatura norteamericana salía de *Huckleberry Finn,* especialmente de las cien primeras páginas, que yo había leído con estúpido cuidado;° Elena daba *care* vueltas por la habitación, no tenía ningún interés en lo que decía Villarreal y mucho menos en Mark Twain o las traducciones de *Adiós a las armas.*

"¡Qué zapatones!", exclamó Elena con un mocasín° descomunal° en las manos. "Calzaba° el *loafer/enormous/* *his size was* once y medio," soltó° en seguida nuestro guía. *blurted out* Me pareció ver a Hemingway por primera vez en mi vida, de carne y hueso,° caminando con esos *alive* zapatos, dentro de los opacos mocasines carmelita° de piel usada y sucia. Nunca lo había visto *light brown* personalmente y ahora lo veía por primera vez, enorme y sólido y deportivo y muerto. "Calzaba el once y medio," repitió Villarreal, pasando las yemas° de los dedos por el cuero empolvado, *tips* dejando estrías° limpias en el zapato. *lines*

"Los americanos tienen los pies muy grandes. Eso es lo único que me molesta de la mujer americana, yo me he fijado siempre, aún las más hermosas," dije para mover la situación, y Elena exclamó: "En un hombre es bonito—y volvió a poner el zapato en el suelo—. Yo tengo un pie bonito, ¿verdad?" "Tus dedos parecen enanos cabezones,"° le mentí, y Elena entró en el baño *big-headed midgets* refunfuñando:° "¡Qué gracioso! Mira, mira, li- *grumbling* bros, leía hasta en el baño," y señaló un pequeño librero junto a la taza° de porcelana blanca. *toilet*

"Sí, Hemingway tenía esa costumbre, él todos

los días leía un rato en el baño . . . ¿Eso? Eso
es un lagarto.° Uno de los gatos lo encontró en el *lizard*
jardín y lo cogió por el cuello y le hundió los
dientes y lo sacudió en el aire. Hemingway lo vio
y trató de salvarlo. El lagarto trataba de defender-
se con la cola, era valiente, pero qué va.° Heming- *nothing doing*
way lo rescató y trató de salvarle la vida porque
había dado una buena pelea, pero qué va. Aquí
mismo en el baño lo puso y lo cuidaba, le curó
las heridas y le traía comida, pero nada.° A la *no luck*
semana ° se murió. Hemingway lo cogió y lo puso *week*
en formol." ° *formaldehyde*

    Ya me cargaba ° un poco la idolatría del guía, *I was getting fed up with*
sus anécdotas siempre muy humanas y reveladoras.
Se sentaba en el baño aquel y cagaba [22] igual que
todo el mundo, y con dificultad parece. "Huidine ° *Harry Houdini, American magician*
—dije cogiendo un libro—, mira, tiene un libro
sobre Huidine aquí. Huidine tragaba ° y vomitaba *swallowed*
espadas y limas ° . . ." "Hemingway leía mucho, *files*
de todo, especialmente revistas y periódicos. Se
leía todas las revistas que recibía de Estados Uni-
dos . . . Todos los días se pesaba ° y anotaba su *he weighed himself*
peso ahí en el marco ° de la puerta. Tenía unos *frame*
números muy pequeños, tenía una letra ° muy *handwriting*
bonita. Siempre trataba de mantener su peso en
alrededor de doscientas libras, cuidaba mucho de
su salud física. Decía que para escribir había que
estar saludable, que cualquier enfermedad, cual-
quier malestar ° físico, interfiere el trabajo. El siem- *malaise*
pre cuidaba su peso."

    Volvimos al salón con la piel extendida sobre
el piso y vimos a un ruso sonriendo con el zapato
en la boca del león, entre los colmillos ° muertos *fangs*
y amarillos. El guía sacó un montón de fotos de
una gaveta ° y las colocó sobre la mesa baja junto *drawer*
al sofá. "Son de la guerra civil española. Hemingway estuvo en la guerra civil española. Estas son
de Robert Capa." Un coro se comprimió alrededor

[22] **cagaba:** slang for *defecated*

de la mesa. Busqué la corpulencia de Hemingway
en alguna foto, pero no estaba en ninguna, no lo
vi. Se las habrá llevado su mujercita. Uniformes
desiguales, boinas, polvo y ametralladoras ° que   *machine guns*
hoy parecen de juguete,° y rifles largos, y un   *toys*
hombre corriendo por un campo, con el rostro °   *face*
ensangrentado, cayendo, muriendo, largando ° el   *letting loose*
rifle negro con el brazo extendido, los pantalones
anchos y blancos arrugados ° y flameando ° y la   *wrinkled/shining*
hierba ° indiferente, con municiones o bolsas de   *grass*
cuero y correas en la cintura [23] o granadas, como
si fueran semillas ° para esparcir ° por el campo,   *seeds/to scatter*
un campesino muerto mientras regaba ° semillas,   *spread*
un dinamitero asturiano.

Elena en seguida se apartó de la mesa porque
no entendía la muerte o no sabía lo que había
pasado durante la guerra civil en España o simplemente porque los rusos sin desodorante apestaban
mucho. Cuando pasamos al comedor me la encontré frente al revistero, hojeando un *Harper's
Bazaar* viejo, me asomé por encima del hombro
y vi a Suzy Parker delgada, interminable,° en bikini *endless; i.e., long.legged*
verde, acostada en la arena, el pelo rojo y suelto,
los labios entreabiertos y una ola subiéndole hasta
las costillas.° Elena viró ligeramente la cabeza   *ribs*
para contemplar un suave refajo ° azul y me vio: *slip*
"Mira, si yo tuviera un refajo come éste, tan bonito, saldría a la calle sin vestido. Es más bonito
que los vestidos que venden aquí por la libreta." ° *by the millions*
Le arrastré duro el pulgar por el espinazo y se
irguió; [24] sonrió, pero siguió hojeando la revista
de modas.

La mesa del comedor estaba puesta para nadie.
Sobre la superficie de cristal, los platos y los tene-
dores y los vasos y un centro de mesa lleno de

[23] **bolsas . . . cintura:** *leather bags and belts at his
waist*
[24] **Le . . . irguió:** *I ran my thumb hard down her
spine and she stiffened*

flores insignificantes y blancas y moradas.° "Así   *purple*
se preparaba siempre la mesa," dijo el guía; ya no
había quien lo parara. Me fijé mientras tanto en
una servilleta de hilo° crudo° con una enorme   *linen/coarse*
letra H. "Asimismo todos los días." "Pero ahora
nadie va a comer aquí," le dije, pero siguió hablando, era como un muñeco de cuerda.° "De-   *puppet*
sayunaba dos huevos fritos, bien fritos, porque no
le gustaba la clara° babosa.° Le gustaban bien   *egg white/runny*
fritos, con una tostada sin mantequilla. El se sentaba siempre frente al cuadro de Miró, el cuadro
de una finca catalana, un cuadro que Hemingway
compró cuando era joven en París por trescientos
pesos. Lo compró a plazos° y ahora vale más de   *on credit*
cien mil dólares . . ." Le pregunté por el cuadro,
en la pared no había nada. "Ese cuadro y otros
más se los llevó Miss Mary;²⁵ después que murió
Papa vino y se los llevó, ahora sí,° prometió a Fidel   *but*
mandarle reproducciones exactamente iguales para
que todo esté aquí de la misma manera que estaba
cuando vivía Papa. Ella prometió mandar unas reproducciones iguales, del mismo tamaño, para
ponerlas ahí."

"Pero no es lo mismo—dije medio cortado°—.   *embarrassed*
Las reproducciones no valen° nada y los cuadros   *are worth*
valen millones de dólares. No es lo mismo." No
sé si me oyó, pero no me contestó. "Los carteles
de toros sí son originales, ¿no?", le grité y me
contestó medio en la luna° todavía: "Sí, ésos sí   *absentmindedly*
son los mismos." Esos sí eran reproducciones
originales. Eso es todo lo que merecemos,° copias,   *we deserve*
no somos más que una imitación mala de los
países poderosos y civilizados, una caricatura, una
reproducción barata.

Volvimos a recorrer° la casa y tuve la sensa-   *we went through*
ción de que todo estaba barnizado.° Lo miré todo   *varnished*
como quien ve detrás de un cristal las joyas de un

²⁵ **Miss Mary:** Hemingway's name for Mary Welsh,
his last wife

museo y sabe que ya nunca más una mujer las
podrá lucir.° Tengo sentimientos encontrados.°   *to show off/mixed*
Siento amor y odio hacia Hemingway; lo admiro y
al mismo tiempo me humilla. Como mi gente; es
lo mismo que siento cuando pienso en Fidel, en
la revolución. Permanentemente rajado,° no me   *mixed up*
pongo de acuerdo ni conmigo mismo.

"Esta torre la mandó construir Miss Mary," me
iba diciendo el guía mientras subíamos una esca-
lera de caracol,° herrumbrosa,° pasando primero   *spiral/rusty*
junto a unos gajos ° de buganvilia púrpura y ama-   *branches*
rilla, hasta que los ojos tropiezan con el alto pe-
nacho ° de una palma real. Lanzas ° de madera   *crest/spears*
pétrea,° largas lanzas africanas, botas engrasadas,   *petrified*
cubiertas por una película de sebo;° cabezas de   *film of fat*
animales salvajes regadas sobre las losetas con
rombos castaños y ramas verdes.[26] Todo en el
suelo. "Aquí trabajó sólo el primer día, cuando
Miss Mary le dio la llave, fue un regalo ° de   *present*
cumpleaños. Después nunca más volvió a trabajar
aquí, no le gustaba. Trabajaba siempre abajo, en
su habitación . . ."

Mientras explicaba toda esa mierda ° casera,°   *crap/household*
me quedé mirando un pedazo de piel calva,° ti-   *bald*
ñosa,° en la cabeza del león, y pensé que Cuba no   *mangy*
le interesó nunca ni un carajo a Papa Heming-
way.[27] Botas para cazar en África, muebles norteamericanos, fotos españolas, revistas y libros en
inglés, carteles de toros. En toda la casa no había
nada cubano, ni un objeto de santería [28] o un
cuadro. Nada. Cuba, para Hemingway, era un
lugar donde refugiarse, vivir tranquilamente con
su mujer, recibir a sus amigos, escribir en inglés,
pescar en la corriente del golfo.

Por entre los arcos de las hojas ° de palma, a   *leaves*
lo lejos, borrosas,° blancas, amarillas, algunas   *blurry*

[26] **losetas . . . verdes:** *floor tiles with brown diamond
shapes and green branches.*
[27] **Cuba . . . Hemingway:** *Papa Hemingway didn't
give a damn about Cuba.*
[28] **ni . . . santería:** *not even a voodoo object*

casas y edificios alrededor de la bahía de La Habana y varias chimeneas, una sí, otra no, echando
un humo sucio que seguía borrando las casas
lejanas, todo el paisaje.

Cuando bajamos a ver la piscina sin agua yo
estaba completamente aturdido ° y, sin embargo, *dazed*
seguí oyendo al guía porque hablaba con una voz
dulce y monótona: "Aquí están enterrados todos
los animales," y agachaba ° la cabeza; los árboles *he bent*
alrededor de la piscina daban sombra a tumbas
pequeñas, de cemento áspero,° "Aquí está en- *rough*
terrado Black Dog, su perro favorito; siempre
seguía a Papa por todas partes, lo acompañaba
mientras escribía, tirado en el suelo, cuando bebía
por la tarde, con la cabeza apoyada ° en sus zapa- *resting*
tos, aquí mismo, en la piscina, en la sombra,
mientras nadaba; a Black Dog no le gustaba ba-
ñarse en la piscina . . ."

Elena se acercó corriendo. Yo la estaba mirando todo el tiempo ahora, y se detuvo en la
sombra, con dos enormes óvalos ° de luz amarilla, *egg-shaped spots*
que se filtraba entre las ramas, en la mejilla
izquierda y sobre un seno: ° "¿Y eso qué es?" "Es *breast*
la tumba de Black Dog." "¿Quién es Black Dog?"
"Un perro." "¿Un perro?" En ese mismo momento
las manchas de sol le bajaron por las caderas ° *hips*
hasta los tobillos.° "Un perro." Se alejó caminan- *ankles*
do bajo el sol, distraídamente, alrededor de la
piscina. Vi cuando tropezó con ° dos soviéticos y *stumbled upon*
los tres pidieron: perdón, compañera; ay, usted
perdone; perdón, compañera. "A Black Dog lo
mataron los soldados . . . No, antes de la revolución; los soldados de Batista vinieron por aquí
una noche buscando a unos muchachos, a unos
revolucionarios, buscando armas, y Black Dog ladró y ladró y no los dejó pasar y lo mataron de
un culatazo.° Desde ese día Hemingway empezó *rifle-butt blow*
a sentirse mal en esta casa y aquí en Cuba. El
necesitaba tranquilidad para escribir."

A ti también te han matado, Papa, se acabaron ° *finished*

los criados y los americanos aquí—y nosotros
también. Todos jodidos.[29]

"¡Socorro,° orro, orro; auxilio,° ilio, ilio!—gri-   *help/help*
taba Elena desde el fondo ° de la piscina—. ¡So-   *bottom*
corro, orro; sácame ° de aquí, de aquí!" No sé   *get me out*
cómo se cayó ° a la piscina, cómo bajó. Yo la   *she fell*
miraba—de pie, abajo, en el fondo inclinado de
la piscina, en la parte más honda—desde el borde.
No la había visto bajar, estaba perplejo. "Pero,
¿qué te pasa? ¿Qué haces ahí?" "Nada, ada. No
puedo salir, ir." "¿Te has hecho daño?" [30] "Yo no
sé, sé. Sácame de aquí, de aquí, vamos, pronto,
onto, no te quedes,° edes, ahí, ahí, que voy a   *don't stay*
llorar, orar."

No la quiero volver a ver. Me estoy enamoran-
do de Elena y no quiero. Me pasará lo mismo que
con Laura. Estoy enamorado, tengo la yema de
los dedos sensible, tengo ganas de gritar.[31] Recuerdo con pelos y señales ° todo lo que hacemos   *in detail*
juntos. Me obsesiona Elena y no puede ser. Cada
vez que surgía ° Elena aquí, en estas páginas, ha-   *appeared*
blando de la visita al museo de Hemingway, me
emocionaba, me erotizaba; me siento ahora blando ° por dentro cuando escribo Elena y la recuer-   *soft*
do. Me estoy saliendo de mí mismo y me van a
herir.[32] Hasta el estilo del diario éste ha cambiado,
lo noto: hacia afuera, hacia el mundo, hacia la
gente. Hacia adentro estoy más seguro. Es una
tentación que tengo que rechazar. Tengo que romper esta relación. Estoy muy viejo y ella es una
niña. Me quiere sólo sacar cosas para un buen
rato nada más. Ella me traicionará ° igual que   *will deceive*
Laura. Tiene otro mundo muy distinto al mío en
la cabeza. No me ve.

---

[29] **Todos jodidos:** *We are all going through hell.*
[30] **¿Te . . . daño?:** *Have you hurt yourself?*
[31] **tengo . . . gritar:** *I feel like shouting.*
[32] **Me . . . herir:** *I am not being myself and I'm going
to get hurt.*

EJERCICIOS

I. Conteste las preguntas siguientes en clase.

1. ¿Con quién se topó el narrador en el museo de Hemingway?
2. ¿Cómo era el ruso que quería sacar la fotografía?
3. ¿Cómo olían los rusos que se detuvieron detrás del fotógrafo?
4. Según el narrador, ¿en qué se parecen los rusos a los norteamericanos?
5. ¿Es típica esta actitud a la del turista?
6. ¿Cómo eran las sonrisas de los rusos?
7. ¿Por qué apreciaba Hemingway la gacela africana?
8. ¿Por qué piensa el narrador que Hemingway bebía?
9. ¿Qué mujeres famosas habían visitado la casa de Hemingway?
10. ¿Por qué dice el narrador que recibió un golpe bajo?
11. ¿Cuál es la diferencia entre el olor de los americanos y el de los rusos?
12. ¿De quién eran los pantaloncitos que le dio el protagonista a Elena?
13. ¿Por qué le impresionó al narrador la habitación de Hemingway?
14. ¿Cómo escribía Hemingway?
15. ¿Por qué dejaba Hemingway entrar a la habitación a su criado cuando escribía?
16. ¿Cómo tienen los pies los americanos?
17. ¿Para qué anotaba Hemingway su peso en el marco de la puerta?
18. ¿Qué dijo Elena que haría si tuviera un refajo?
19. ¿Cómo le gustaban los huevos a Hemingway?

20. ¿Qué hizo con los cuadros de Hemingway su esposa?
21. ¿Por qué cree el protagonista que Cuba nunca le interesó a Hemingway?
22. ¿Cómo fue que murió el perro de Hemingway?
23. ¿Dónde se cayó Elena?
24. ¿Por qué dice el narrador que no quiere volver a ver a Elena?
25. ¿Qué ha estado escribiendo el protagonista de este relato?
26. ¿Quién era Laura?
27. ¿Qué tipo de hombre es el protagonista?
28. ¿En qué sentido critica el protagonista la revolución cubana?

II. ¿Son verdaderas o falsas las oraciones siguientes?

1. El narrador piensa que los rusos huelen muy bien.
2. El ruso de la cara redonda quiere sacarle una fotografía a Elena.
3. Según el narrador, los rusos son más humildes que los americanos.
4. De acuerdo con el narrador, los países adelantados desean ayudar a los países atrasados.
5. A Elena le gustaba que los rusos le sacaran fotografías.
6. El guía mulato era muy expresivo cuando hablaba.
7. El narrador cree que los rusos admiran más a Fidel que a Hemingway.
8. Elena se quitó los zapatos porque le dolían los pies.
9. Elena está muy impresionada con la casa de Hemingway.
10. La casa de Hemingway es igual a la de un

administrador de ingenio americano en Cuba.

11. El narrador piensa que Elena no es inteligente.
12. Elena fue muy feliz durante su juventud.
13. Hemingway sentía gran desprecio por la vida.
14. Hemingway se daba un baño en la piscina todos los días.
15. Hemingway escribía sentado en su escritorio.
16. Hemingway calzaba unos zapatos pequeños.
17. Elena es la esposa del narrador.
18. A Hemingway le gustaba leer las revistas de los Estados Unidos.
19. Hemingway tenía un cuadro de Miró que valía cien mil dólares.
20. Miss Mary dejó todas las pinturas de Hemingway en Cuba.
21. Hemingway no cuidaba de su salud física.
22. Hemingway estuvo en España durante la guerra civil.
23. El narrador cree que Hemingway amaba mucho a Cuba.
24. A Black Dog lo mataron los soldados de Fidel.
25. El narrador tuvo un romance con Laura antes de con Elena.

III. *Traduzca las oraciones siguientes. Están basadas en oraciones que aparecen en el texto.*

1. Elena placed one leg in front of the other and stretched out her hand.
2. The antelope has a long neck which is one of its beauty traits.
3. Hemingway is also dead now.

4. I don't see anything out of this world in this living room.
5. If you wanted to, you could develop your mind.
6. When they came in the room, the lady was lying on the bed.
7. People squander when they have an abundance of things.
8. The furniture was sloppily arranged.
9. The room had an austere and monastic air.
10. Hemingway wrote standing up.
11. The mulatto walked silently, like a panther.
12. Hemingway used to like to take a dip before lunch.
13. Elena was not interested in Mark Twain.
14. The only thing that I don't like about American women is that they have big feet.
15. Hemingway had a beautiful handwriting.
16. The guide placed the photographs on top of the table.
17. Hemingway ate two fried eggs with a piece of toast for breakfast.
18. Small countries are cheap imitations of civilized and powerful countries.
19. Hemingway used to fish in the Gulf Current.
20. I don't want to see Elena any more.

IV. Sinónimos. De la lista a continuación, sustituya un verbo, palabra, o frase similar en significado al verbo, palabra, o frase en bastardilla en cada oración. Haga todos los cambios gramaticales necesarios.

1. Los *países grandes* tratan a los pequeños como colonias.
2. Desnoes ha utilizado ciertas palabras *vulgares* para darle veracidad al cuento.

3. María Elena podría *refinarse*.
4. Lo *despidieron* de su empleo en la compañía de autobuses.
5. Al soldado muerto le *arrancaron* la cruz de bronce.
6. Hemingway tenía muchos papeles llenos de *anotaciones*.
7. Hemingway compró varios *cuadros* de pintores famosos.
8. La superficie de la mesa estaba hecha de *vidrio*.
9. Le *gustaba* el ambiente y la vida de La Habana.

a. óleo	d. potencia	g. gozar de
b. apunte	e. cristal	h. grosero
c. desarrollar	f. botar	i. arrebatar

V. Antónimos. De la lista a continuación, sustituya un verbo o una palabra con significado opuesto al verbo o a la palabra en bastardilla en cada oración. Haga todos los cambios gramaticales necesarios.

1. ¿Es Cuba un país *avanzado*?
2. Desnoes cree que Hemingway sentía una gran *admiración* por Cuba.
3. Hay mucha gente en los Estados Unidos que *ahorra* dinero.
4. Según el protagonista, Hemingway era una persona *agradable*.
5. El criado hablaba con una voz *suave*.
6. El atleta tenía los músculos de los bíceps *duros*.

a. insoportable	d. blando
b. áspera	e. atrasado
c. malgastar	f. desprecio

Jorge Ibargüengoitia

Mexico

Ibargüengoitia is one of Mexico's finest writers. Born in Guanajuato in 1928, he studied drama under the well-known critic and dramatist Rodolfo Usigli. He first became famous as a playwright, but for the past ten years he has devoted himself to writing novels and short stories.

Apart from his literary activities, he works as a translator and writes editorials for *Excélsior,* one of Mexico's largest newspapers. Ibargüengoitia has also been a visiting professor of Spanish at several American universities.

In his short story collection *La ley de Herodes y otros cuentos* (1967), Ibargüengoitia proves that he is an effective writer of humorous tales. *What Became of Pampa Hash?* is about a particular breed of tourist: the intellectual American female, who in this case was doing research in Mexico. In this very funny story narrated by a young Mexican, a portrait of two different cultures and attitudes is beautifully painted. On one side, the anonymous Mexican Romeo on the make; on the other, Pampa Hash, the self-centered, independent-minded American girl. It is interesting to speculate about who used whom in the story.

WHAT BECAME OF PAMPA HASH?

¿Cómo llegó? ¿De dónde vino? Nadie lo sabe. El primer signo que tuve de su presencia fueron las pantaletas.° *panties*

Yo acababa de entrar en el camarote (el único camarote) con la intención de abrir una lata de sardinas y comérmelas, cuando noté que había un mecate° que lo cruzaba en el sentido° longitudinal y de éste, sobre la mesa y precisamente a la altura° de los ojos de los comensales,° pendían° las pantaletas. Poco después se oyó el ruido del agua en el excusado[1] y cuando levanté los ojos vi una imagen que se volvería familiar más tarde, de puro repetirse: Pampa Hash saliendo de la letrina.° Me miró como sólo puede hacerlo una doctora en filosofía: ignorándolo todo, la mesa, las sardinas, las pantaletas, el mar que nos rodea, todo, menos mi poderosa masculinidad.

clothesline/direction
height/diners
were hanging

bathroom

Ese día no llegamos a mayores.[2] En realidad, no pasó nada. Ni nos saludamos siquiera.[3] Ella me miró y yo la miré, ella salió a cubierta° y yo me quedé en el camarote comiéndome las sardinas. No puede decirse, entonces, como algunas lenguas viperinas° han insinuado, que hayamos sido víctimas del amor a primera vista: fue más bien el *cafard*° lo que nos unió.

deck

viperish

boredom (Fr.)

[1] **se . . . excusado:** *I heard someone flush the toilet*
[2] **no . . . mayores:** *we didn't get anywhere.*
[3] **Ni . . . siquiera:** *We didn't even say hello.*

141

Ni siquiera nuestro segundo encuentro fue definitivo desde el punto de vista erótico.

Estábamos cuatro hombres a la orilla del río tratando de inflar una balsa de hule,° cuando la vimos aparecer en traje de baño.° Era formidable. Poseído de ese impulso que hace que el hombre quiera desposarse ° con la Madre Tierra de vez en cuando, me apoderé ° de la bomba ° de aire y bombeé como un loco. En cinco minutos la balsa estaba a reventar [4] y mis manos cubiertas de unas ampollas ° que con el tiempo se hicieron llagas.[5] Ella me miraba.

rubber raft
bathing suit

marry
I seized/pump

blisters

"*She thinks I'm terrific,*" pensé en inglés. Echamos ° la balsa al agua y navegamos en ella "por el río de la vida," como dijo Lord Baden-Powell.[6]

we hurled

¡Ah, qué viaje homérico! Para calentar la comida rompí unos troncos descomunales con mis manos desnudas y ampolladas y soplé ° el fuego hasta casi perder el conocimiento: luego trepé en una roca y me tiré de clavado ° desde una altura que normalmente me hubiera hecho sudar frío;[7] pero lo más espectacular de todo fue cuando me dejé ir nadando por un rápido y ella gritó aterrada. Me recogieron ensangrentado cien metros después.[8] Cuando terminó la travesía ° y la balsa estaba empacada ° y subida ° en el *Jeep,* yo me vestí entre unos matorrales ° y estaba poniéndome los zapatos sentado en una piedra, cuando ella apareció, todavía en traje de baño, con la mirada baja y me dijo: "*Je me veux baigner.*" Yo la corregí: "*Je veux me baigner.*" Me levanté y traté de violarla, pero no pude.

I puffed

I dived

trip
packed/on top of
bushes

[4] **estaba a reventar:** *was about to burst*
[5] **se . . . llagas:** *developed into sores*
[6] **Lord Baden-Powell:** founder of the Boy Scouts
[7] **me . . . frío:** *would have given me a cold sweat*
[8] **me dejé . . . después:** *I let myself be taken by the current through the rapids and she shouted in fear. They picked me up bleeding one hundred meters farther down.*

La conquisté casi por equivocación.[9] Estábamos en una sala, ella y yo solos, hablando de cosas sin importancia, cuando ella me preguntó: "¿Qué zona postal es tal y tal dirección?" Yo no sabía, pero le dije que consultara el directorio telefónico. Pasó un rato, ella salió del cuarto y la oí que me llamaba; fui al lugar en donde estaba el teléfono y la encontré inclinada sobre el directorio: "¿Dónde están las zonas?", me preguntó. Yo había olvidado la conversación anterior y entendí que me preguntaba por las zonas erógenas.° Y le dije dónde estaban.

Habíamos nacido el uno para el otro: entre los dos pesábamos ciento sesenta kilos.[10] En los meses que siguieron, durante nuestra tumultuosa y apasionada relación, me llamó búfalo, orangután, rinoceronte . . . en fin, todo lo que se puede llamar a un hombre sin ofenderlo. Yo estaba en la inopia ° y ella parecía sufrir de una constante diarrea durante sus viajes por estas tierras bárbaras. Al nivel del mar, haciendo a un lado [11] su necesidad de dormir catorce horas diarias era una compañera aceptable, pero arriba de los dos mil metros, respiraba con dificultad y se desvanecía ° fácilmente. Vivir a su lado en la ciudad de México significaba permanecer en un eterno estado de alerta para levantarla del piso en caso de que le viniera un síncope.[12]

Cuando descubrí su pasión por la patología,° inventé, nomás para deleitarla, una retahíla de enfermedades de mi familia,[13] que siempre ha go-

erogenous

poverty

she fainted

pathology

---

[9] **La . . . equivocación:** *I made love to her almost by mistake.*

[10] **kilo = kilogram:** a unit of weight in the metric system equivalent to 2.2046 pounds

[11] **Al . . . lado:** *At sea level, apart from*

[12] **le . . . síncope:** *she had a fainting spell.*

[13] **nomás . . . familia:** *just to please her a string of family sicknesses*

zado de la salud propia de las especies zoológicas privilegiadas.

Otra de sus predilecciones era lo que ella llamaba *"the intricacies of the Mexican mind."*

—¿Te gustan los motores?—preguntó una vez. —Te advierto que tu respuesta va a revelar una característica nacional.

Había ciertas irregularidades en nuestra relación: por ejemplo, ella ha sido la única mujer a la que nunca me atreví a decirle que me pagara la cena,[14] a pesar de que sabía perfectamente que estaba nadando en pesos,[15] y no suyos, sino de la *Pumpernikel Foundation.* Durante varios meses la contemplé, con mis codos° apoyados sobre la mesa, a ambos° lados de mi taza° de café y deteniéndome la cara con las manos, comerse una cantidad° considerable de filetes° con papas.° *elbows / both/cup / quantity/steak/ potatoes*

Los meseros° me miraban con cierto desprecio,° creyendo que yo pagaba los filetes. A veces, ella se compadecía de mí° y me obsequiaba° un pedazo de carne metido en un bolillo,° que yo, por supuesto, rechazaba° diciendo que no tenía hambre. Y además, el problema de las propinas:° ella tenía la teoría de que 1% era una proporción aceptable, así que dar cuarenta centavos por un consumo de veinte pesos era ya una extravagancia. Nunca he cosechado tantas enemistades.[16]

waiters / contempt / felt sorry for me/gave / Mexican roll / turned down / tips

Una vez tenía yo veinte pesos y la llevé al Bamerette. Pedimos dos tequilas.

—La última vez que estuve aquí—me dijo— tomé whisky escocés,° toqué la guitarra y los meseros creían que era yo artista de cine. *Scotch*

Esto nunca se lo perdoné.[17]

---

[14] **a . . . cena:** *whom I never dared ask to pay for my dinner*

[15] **estaba . . . pesos:** *she was swimming in money*

[16] **Nunca . . . enemistades:** *I have never made so many enemies.*

[17] **Esto . . . perdoné:** *I never forgave her for that (statement).*

Sus dimensiones eran otro inconveniente.° Por ejemplo, bastaba dejar dos minutos un brazo bajo su cuerpo, para que se entumeciera.° La única imagen histórica que podía ilustrar nuestra relación es la de Sigfrido,[18] que cruzó los siete círculos de fuego, llegó hasta Brunilda, no pudo despertarla, la cargó° en brazos, comprendió que era demasiado pesada y tuvo que sacarla arrastrando, como un tapete enrollado.[19]

¡Oh, Pampa Hash! ¡Mi adorable, mi dulce, mi extensa° Pampa!

Tenía una gran curiosidad científica.

—¿Me amas?

—Sí.

—¿Por qué?

—No sé.

—¿Me admiras?

—Sí.

—¿Por qué?

—Eres profesional, concienzuda,° dedicada. Son cualidades que admiro mucho.

Esto último es una gran mentira.° Pampa Hash pasó un año en la sierra haciendo una investigación° de la cual salió un informe° que yo hubiera podido inventar en quince días.

—¿Y por qué admiras esas cualidades?

—No preguntemos demasiado. Dejémonos llevar° por nuestras pasiones.

—¿Me deseas?

Era un interrogatorio de comisaría.°

Una vez fuimos de compras. Es la compradora más difícil que he visto. Todo le parecía muy caro, muy malo o que no era exactamente lo que necesitaba. Además estaba convencida de que por alguna razón misteriosa, las dependientas gozaban

---

[18] **Sigfrido:** a prince in a German legend who captures a treasure, slaps a dragon, and wins the maiden Brunhilde for a king

[19] **tuvo . . . enrollado:** *he had to drag her out like a rolled-up rug.*

drawback

it would numb

he carried

ample

conscientious

lie

research/paper

let us be carried away

police station

deshaciendo la tienda y mostrándole le mercancía
para luego volver a guardarla, sin haber vendido
nada.[20]

Como el tema recurrente de una sinfonía, apare-
cieron en nuestra relación las pantaletas. *"I need
panties,"* me dijo. Le dije cómo se decía en español. Fuimos a diez tiendas cuando menos, y en
todas se repitió la misma escena: llegábamos ante
la dependienta y ella empezaba, "necesito . . . ,"
se volvía hacia mí: "¿cómo se dice?", "pantaletas,"
decía yo. La dependienta me miraba durante una
millonésima de segundo, y se iba a buscar las pantaletas. No las quería ni de nylon, ni de algodón,°   *cotton*
sino de un material que es tan raro en México
como la tela de araña comercial y de un tamaño
vergonzoso, por lo grande.[21] No las encontramos.
Después, compramos unos mangos° y nos sen-   *tropical fruit*
tamos a comerlos en la banca de un parque. Contemplé fascinado cómo iba arrancando el pellejo°   *skin*
de medio mango con sus dientes fuertísimos y
luego devoraba la carne y el ixtle,° hasta dejar el   *fibers*
hueso° como la cabeza del cura Hidalgo;[22] en-   *stone (big seed)*
tonces, asía° fuertemente el mango del hueso y   *she would grasp*
devoraba la segunda mitad. En ese momento com-
prendí que esa mujer no me convenía.[23]

Cuando hubo terminado los tres mangos que le
tocaban,° se limpió la boca y las manos cuidado-   *were her quota*
samente, encendió° un cigarro, se acomodó° en   *she lit/she relaxed*
el asiento y volviéndose hacia mí, me preguntó
sonriente:

—¿Me amas?

[20] **las dependientas . . . nada:** *the salesgirls enjoyed
taking the store apart and showing the merchandise and
later putting it away without having sold a single item.*
[21] **tan . . . grande:** *as rare in Mexico as commercial
spiderweb and of a shameful size, so big they were.*
[22] **cura Hildalgo:** Miguel Hidalgo y Costilla, Mexican
priest and patriot; father of his country's independence.
He was bald except for a few hairs.
[23] **En . . . convenía:** *Right there I realized that that
woman was not for me.*

—No—le dije.

Por supuesto que no me creyó.

Después vino el *Gran Finale*. Fue el día que la poseyó el ritmo.[24]

Fuimos a una fiesta en la que estaba un señor que bailaba tan bien que le decían el Fred Astaire de la Colonia ° del Valle. Su especialidad era bailar *neighborhood* solo, mirándose los pies para deleitarse ° mejor. *enjoy himself* Pasó un rato. Empezó un ritmo tropical. Yo estaba platicando ° con alguien cuando sentí en mis *talking* entrañas que algo terrible se avecinaba.[25] Volví ° *I turned* la cabeza y el horror me dejó paralizado: Pampa, mi Pampa, la mujer que tanto amé, estaba bailando alrededor de Fred Astaire como Mata Hari alrededor de Shiva.[26] No había estado tan avergonzado ° de ella desde el día que empezó a cantar *so ashamed* "Ay, Cielitou Lindou . . ." en plena ° Avenida *in the middle of* Juárez. ¿Qué hacer? Bajar la vista y seguir la conversación. El suplicio duró horas.[27]

Luego, ella vino y se arrojó a mis pies como la Magdalena y me dijo: "Perdóname. Me poseyó el ritmo." La perdoné allí mismo.° *right there*

Fuimos a su hotel (con intención de reconciliarnos) y estábamos ya instalados en el elevador, cuando se acercó el administrador a preguntarnos cuál era el número de mi cuarto.

—Vengo acompañando a la señorita—le dije.

—Después de las diez no se admiten visitas—me dijo el administrador.

Pampa Hash montó en cólera:° *became angry*

—¿Qué están creyendo?[28] El señor tiene que venir a mi cuarto para recoger una maleta suya.[29]

[24] **Fue . . . ritmo:** *It was the day she was possessed by rhythm.*
[25] **sentí . . . avecinaba:** *I felt in the pit of my stomach that something terrible was about to happen*
[26] **Shiva:** one of the three supreme Hindu gods
[27] **El . . . horas:** *The torture lasted for hours.*
[28] **¿Qué . . . creyendo?:** *Who do you think you are?*
[29] **recoger . . . suya:** *to pick up his suitcase.*

—Baje usted le maleta y que él la espere aquí.[30]

—No bajo nada, estoy muy cansada.

—Que la baje el botones, entonces.[31]

—No voy a pagarle al botones.

—Al botones lo paga la administración, señorita.

Esa fue la última frase de la discusión.

El elevador empezó a subir con Pampa Hash y el botones, y yo mirándola. Era de esos de rejilla, así que cuando llegó a determinada altura,[32] pude distinguir sus pantaletas. Comprendí° que era la señal: ° había llegado el momento de desaparecer.   *I realized* / *sign*

Ya me iba pero[33] el administrador me dijo: "Espere la maleta." Esperé. Al poco rato, bajó el botones y me entregó° una maleta que, por supuesto, no era mía. La tomé, salí a la calle, y fui caminando con paso cada vez más apresurado.°   *he gave* / *hurried*

¡Pobre Pampa Hash, me perdió a mí y perdió su maleta el mismo día!

EJERCICIOS

I. Conteste las preguntas siguientes en clase.

1. ¿Qué estaba haciendo el narrador cuando vio por primera vez a Pampa Hash?
2. ¿Cómo lo miró Pampa Hash?
3. ¿Dónde fue el segundo encuentro?
4. ¿Qué hizo después de calentar la comida?

[30] **Baje . . . aquí:** *You may bring down the suitcase and have him wait for it here.*

[31] **Que . . . entonces:** *Then the bellboy will bring it down.*

[32] **Era . . . altura:** *It (the elevator) was one of those (old-fashioned ones) with iron grills; thus, when it got to a certain height*

[33] **Ya . . . pero:** *I was starting to leave when*

5. ¿Por qué se dejó ir nadando por el rápido?

6. ¿Por qué dice el narrador que habían nacido el uno para el otro?

7. ¿Qué problema tenía Pampa Hash cuando estaba arriba de dos mil metros?

8. ¿Qué le dijo el narrador a Pampa Hash de la familia suya?

9. La pregunta de Pampa Hash: "¿Te gustan los motores?", ¿qué quiere decir?

10. ¿Qué irregularidad había en la relación de Pampa Hash y el narrador?

11. ¿Creen ustedes que Pampa Hash es egoísta? ¿Por qué?

12. ¿Por qué razón cosechó enemistades el narrador?

13. ¿Qué nunca le perdonó el narrador a Pampa Hash?

14. ¿Por qué le pregunta Pampa Hash todo el tiempo al narrador si la ama?

15. ¿Cree el narrador que el trabajo de investigación de Pampa Hash es bueno?

16. ¿Qué hacía Pampa Hash cuando iba de compras?

17. ¿Por qué le hizo comprender al narrador el episodio de los mangos que Pampa Hash no le convenía?

18. ¿Qué pasó el día que poseyó el ritmo a Pampa Hash?

19. ¿Por qué el narrador está avergonzado de Pampa Hash?

20. ¿Por qué el administrador no deja subir al cuarto al narrador?

21. ¿Cuál fue la señal para terminar el romance?

22. ¿Por qué es cómico el final?

23. ¿Creen ustedes que el narrador siente compasión por Pampa Hash?

24. Dé ejemplos de choques culturales que se encuentran en este cuento.

25. ¿Cuáles son los episodios más cómicos del cuento?
26. ¿Qué clase de persona es el narrador? ¿Oportunista, idealista, cínico, etc.?

II. Sinónimos. *De la lista a continuación, sustituya un verbo o una palabra similar en significado al verbo o a la palabra en bastardilla en cada oración. Haga todos los cambios gramaticales necesarios.*

1. Ni nos saludamos *aún*.
2. Lo encontraron *herido*.
3. Le contaba esas mentiras *solamente* para *divertirla*.
4. Siempre la *observaba* comiéndose un *filete* con papas.
5. Tuvieron que *sacarlo* del río.
6. La *noticia* decía que el senador había muerto después de un síncope.
7. La dependienta le *enseñó* cada cosa en la tienda.
8. No pude *entender* por qué pasó un año en la sierra.
9. Me hizo tantas cosas esa mujer que era una *tortura* constante.
10. No era *bueno* continuar la amistad con ella.
11. Me di cuenta que era un *aviso* cuando la vi subir en el elevador.
    a. señal   h. siquiera
    b. suplicio   i. ensangrentado
    c. recoger   j. nomás
    d. convenir   k. informe
    e. biftec   l. mostrar
    f. contemplar   m. comprender
    g. deleitar

III. Antónimos. De la lista a continuación, sustituya un verbo, palabra, o frase con significado opuesto al verbo, palabra, o frase en bastardilla en cada oración. Haga todos los cambios gramaticales necesarios.

1. Tenía muchas *amistades* entre los meseros debido al tamaño de las propinas que dejaba en la mesa.
2. Tuvo que *hacer* ese proyecto para quedar bien con el jefe.
3. *Se alejaba del* hotel apresuradamente.
4. La manera de ser de Pampa Hash dejó muy *orgulloso* al mexicano.
5. El administrador le decía que no *subiera*.
6. ¿Cuándo *apareció en* la vida de Pampa Hash el mexicano?
7. Era muy *lento* por falta de disciplina.
8. *Encontró* a la chica en la Avenida Juárez.
9. ¿Se ha *enfriado* la comida?
10. Quiso *terminar* la conversación debido a lo desagradable del tema.
11. La niñita apareció *vestida*.
12. No era capaz de decir ni una *verdad*.
13. El joven no le *quitaba* dinero a Pampa Hash.
14. El siempre *aceptaba* el pedazo de carne que Pampa le ofrecía.

    a. acercarse a   f. bajar   k. rápido
    b. avergonzado   g. perder   l. calentar
    c. deshacer   h. desnuda   m. mentira
    d. seguir   i. dar   n. rechazar
    e. enemigo   j. desaparecer

IV. Complete las oraciones siguientes con palabras o frases tomadas de la lista a continuación. Haga todos los cambios gramaticales necesarios.

1. Su cuarto estaba cerca del baño y por eso oyó el ruido del agua en el _____.
2. Se dejó ir _____ por el rápido y lo encontraron en otra parte del río.
3. _____ a Pampa Hash y nos hicimos amantes.
4. La gente que sufre de _____ del corazón debe de vivir al _____ y no en la sierra.
5. La encontré en el piso pero no pude_____ porque pesaba mucho.
6. Le tenía miedo y por eso nunca se _____ a pedirle que le pagara.
7. La contemplé con mis _____ apoyados sobre la mesa a ambos lados de la taza de café.
8. Le _____ cinco pesos a esa mujer pobre.
9. El tapete pesaba tanto que no lo pudo llevar en los brazos sino lo tuvo que _____.
10. Hay cinco _____ que trabajan en esta tienda, tres mujeres y dos hombres.
11. La _____ el ritmo y comenzó a cantar y a bailar en la calle.
12. El dueño no _____ deshaciendo la tienda para luego no venderle nada a Pampa Hash.
13. Se _____ a sus pies como la Magdalena y le pidió que la perdonara.

    a. gozar   h. atrever
    b. dependiente   i. arrastrar
    c. obsequiar   j. codo
    d. arrojar   k. excusado
    e. levantarla   l. síncope
    f. nivel del mar   m. nadar
    g. conquistar   n. poseer

V. *Traduzca las oraciones siguientes. Están basadas en oraciones que aparecen en el texto.*

1. She spent a year in the mountains.
2. He had to drag her out.
3. I was afraid she would get a fainting spell.
4. Putting aside that necessity, she was an acceptable companion.
5. That height would ordinarily have made me break into a cold sweat.
6. We didn't get anywhere that day.
7. That woman was not right for me.
8. The report came out after two years.
9. She liked to consume a considerable quantity of steaks.
10. I had to be constantly on the alert.
11. They picked me up covered with blood.
12. I dived from a frightening height.
13. My blisters became sores after a while.

VI. *¿Son verdaderas o falsas las oraciones siguientes?*

1. El hombre entró en el camarote a ponerse el traje de baño.
2. Pampa Hash era una norteamericana tímida.
3. Pampa Hash era ligera de peso.
4. Pampa Hash había ido a México a hacer una investigación científica.
5. Pampa Hash y el mexicano casi siempre iban a comer juntos.
6. El mexicano era bastante mentiroso.
7. El fin del romance sucedío el día que poseyó el ritmo a Pampa Hash.

8. Se puede decir que Pampa Hash es una mujer egoísta.

9. El narrador parece ser un hombre honorable.

10. El narrador realmente siente compasión por Pampa Hash.

Arturo
Úslar Pietri

Venezuela

Úslar Pietri was born in Venezuela in 1906. A law-
yer, university professor, politician, and newspa-
perman, he has participated in the government of
his country in various cabinet posts and was a
presidential candidate in 1963.

A prolific writer of international reputation, he
has written in all literary genres. Although he is a
fine novelist, it is in the short story that he excels.

In *La siembra de ajos,* one of Úslar Pietri's mas-
terpieces, his lively prose resounds with ambience
while skillfully guiding the destiny of the protagonist. The smell of the tropics and the sensuality
of the encounter are beautifully described as the
forces of nature overwhelm the two characters.

LA SIEMBRA
DE AJOS°

garlic

En lo oscuro del templo fue encendiendo una a una las diez velas,° frente a la imagen imponente cubierta de exvotos.[1] La luz amarilla le iluminó la figura sólida. Era un negro joven y recio.° Mientras se arrodillaba,° con el sombrero de paja° plegado° bajo el brazo, oyó con extrañeza° en el silencio crujir la suela° de sus alpargatas.° Comenzó a rezar° con voz dura° de campesino,° sin inflexiones, monótonamente. A cada palabra la luz se reflejaba en sus dientes blanquísimos y parejos.

candles

strong

knelt/straw

folded/strange feeling

sole/sandals

to pray/harsh/peasant

Cuando salió, empezaba a anochecer.° Sentía contento de haber cumplido° su misión. Había venido a pie,° caminando durante tres días para cumplir aquella promesa. Su madre, agonizando° en el rancho° del conuco,° había ofrecido a aquella Virgen milagrosa que si le salvaba la vida,[2] su hijo iría hasta la iglesia de aquel pueblo a rezarle y encenderle diez velas. La mejoría° había sido rápida. Al poco tiempo la vieja estaba de nuevo en pie, y el mozo° tuvo que salir a cumplir la promesa, con poco bastimento° y algún dinero.°

to get dark

finished

on foot

dying

hut/vegetable garden

improvement

young man

provisions/money

Ahora quedaban allí las oraciones rezadas y diez

---

[1] **exvotos:** an offering (gift) placed at the side of the Virgin (or a saint) in appreciation for a benefit received through her intervention

[2] **si . . . vida:** *if she (the Virgin) would save her life*

velas encendidas, pero ya no le quedaba dinero
para el regreso.° *return*

Tenía que buscar° algún trabajo de unos días
que le permitiera economizar° lo necesario para
el viaje. *to search for* *save*

No tardó mucho en encontrarlo. Unos peones
con quienes trabó° conversación en la pulpería°
lo mandaron a la vega° del isleño.[3] *he engaged/country store* *vegetable farm*

Al día siguiente, por el alba, comenzó a trabajar.

Doblado sobre la tierra aporcaba° los surcos
con movimientos iguales, la cabeza gacha° sacu-
dida° por el golpe° de la escardilla° al extremo
de los brazos. A cada golpe una profunda respiración le resbalaba por el negro tórax desnudo. Se
veía los pies terrosos y cuarteados° entre la tierra
removida que daba olor a sueño y a lluvia.[4] *he filled* *bend* *jerked/stroke/hoe* *cracked*

A ratos° se interrumpía, alzaba la cabeza, se
secaba° el sudor del rostro con el dorso° de la
mano y apoyado sobre el cabo° de la herramienta
miraba el paisaje. La vega estrecha, entre colinas,°
manchada° a pedazos de tierra fresca y de verdor
de cultivos; más lejos, junto al bosque de samanes°
que cerraba el fondo, otro peón; más cerca, a la
sombra° de un mango enorme, frente al establo
de las vacas,° cruzaba el isleño, amo° de la planta-
ción, y junto al establo, en el corredor° chato°
de la casa del amo, veía a la hija mulata con un
traje° de flores rojas y azules. Pero sobre todo
se destacaba° el verde profundo de la siembra de
ajos, con sus juncos° lisos, como una laguna. *every now and then* *he dried/back* *handle* *hills* *spotted* *cedar grove* *shade* *cows/owner* *porch/low* *dress* *stood out* *stalks*

Se inclinó° de nuevo sobre la tierra y volvió a
su labor. A cada golpe la respiración profunda le
sacudía el cuerpo. El sudor corría, goteaba° y
caía sobre su sombra, deformada en el surco como
el contorno de un animal. *he bent down* *dripped*

Sintió primero una impresión de frescura desde

---

[3] **isleño:** settler from the Canary Islands
[4] **que . . . lluvia:** *that smelled of rain and sleepiness.*

los cabellos ° hasta las piernas. Era la brisa. A su   *hair*
contacto se incorporó ° de nuevo para mirar hacia   *he straightened up*
la siembra de ajos. Los tallos ° lisos se agitaban   *stems*
suavemente. Abrió la boca hacia la brisa y cerró
los ojos esperando. No tardó en llenarse el aire
del olor penetrante del ajo. Un frío escozor ° lo   *sting*
conmovió.° Tragó saliva por la garganta ° reseca.°   *moved/throat/dry*
Respiraba, a profundas bocanadas ° sedientas,° el   *mouthfuls/thirsty*
olor áspero ° y tibio de ajos. Se pasó las manos   *sharp*
por el pecho y sintió la piel erizada.° Sólo en-   *with goosebumps*
tonces abrió de nuevo los ojos y miró hacia el
corredor de la casa del isleño. Allá estaba el traje
floreado de la mulata. Miraba con fijeza y fuerza
como para borrar ° la distancia. El olor penetraba   *to erase*
por todos sus poros y lo inundaba.°   *flooded*

    Veía e imaginaba lo que no veía. Casi le ha-
blaba y la sentía en el olor de ajos. La tempera-
tura de su piel. "Quemas, mulata." El moño °   *ribbon*
oscuro que le remataba ° el pelo, para tirar ° de   *tied back/pull*
él hasta que le abriera la boca carnosa.° "Te   *fleshy*
muerdo,° mulata." Hasta que los brazos de ella   *bite*
lo apretaran,° lo apretaran recio para cortarle ° la   *would squeeze/to cut*
respiración. "Huele ° a ajo mulata." Hasta que los   *you smell of*
dos desaparecieran y se consumieran en aquel olor
espeso ° y cálido.°   *thick/warm*

    Olía a sudor fresco. Todo el campo era de carne
dura ° sudorosa con un vaho ° casi verde de ajos.   *hard/breath*
Olía a rincón oscuro y puerta cerrada. Olía a luz
de candil.° Olía a tierra. Sintió el calor seco. Se   *oil lamp*
había ido la brisa. Quitó los ojos del traje con
flores y advirtió su propia sombra agazapada ° a   *crouched*
sus pies junto al surco. Se rascó ° con las manos   *he scratched*
terrosas la lana ° del pelo y escupió a lo lejos.   *wool*
Parecía volver de un mareo.°   *dizzy spell*

    Lentamente volvió a doblarse, sin pensar en
nada, sintiendo únicamente su respiración acompañando el golpe de la escardilla.

    El sol del domingo cantaba en las campanas y

alegraba° los colores de la aldea.° Todas las   *brightened/village*
gentes andaban por la calle, con las ropas almi-
donadas y tiesas, el sombrero en la coronilla,°   *top of the head*
saludándose y deteniéndose, con cierto aire de
aguardar° una gran noticia. Las mujeres, de za-   *expecting*
raza° floreada y pañolón.° Los hombres, agrupa-   *cotton dress/shawl*
dos° a las puertas de las pulperías. Y los jugadores *in groups*
de bolas⁵ acompañando a gritos las peripecias°   *fortunes*
de la partida.°   *game*

Él había andado un poco huraño° y extranjero°   *unsociable/alien*
por entre el inútil° movimiento del día. El sábado   *useless*
había cobrado° la paga° de la semana y ya tenía   *received/pay*
dinero suficiente para emprender° el viaje de re-   *to begin*
greso a su casa. Habría podido partir° desde la   *left*
madrugada misma, pero no podía decidirse. No
tenía mas que tomar el camino y alejarse hacia
el rancho y el conuco, donde lo aguardaba la vieja
salvada por milagro. "Ya pagué la promesa, mamá," diría al llegar, y continuaría la vida ordinaria,
como antes y como después. Pero no podía resolverse.° Estaba como en la espera de ⁶ algo vago   *decide*
que debía llegar o suceder previamente.

Andaba sin sosiego° y un poco angustiado°   *tranquility/distressed*
por entre el pueblo. Llevaba en la mano, ya dis-
puesto para el viaje, su pequeño paquete° de ropa.   *bundle*
Se había desayunado en la ranchería con los arrie-
ros,° hablando del estado del camino, de las llu-   *muleteers*
vias y de los sitios para pernoctar.° Hasta hubo   *to spend the night*
alguno que ofreció acompañarlo si esperaba la
madrugada del lunes. Después había estado en la
iglesia. Mientras el cura° decía su misa° había   *priest/mass*
rezado las dos o tres oraciones° que sabía. Se   *prayers*
entretuvo durante todo el tiempo en reconocer°   *identifying*
todos los cabos° chatos y apagados° de las diez   *stubs/extinguished*
velas que había encendido ante la Virgen.

Después anduvo entre los jugadores de bolas y

---

⁵ **bolas = bolas criollas:** a Venezuelan game played
with several balls
⁶ **Estaba . . . de:** *He seemed to be expecting*

pareció interesarse por el juego; pero el inquieto cosquilleo° interior seguía desazonándolo,° y hubo de alejarse sin rumbo,° yendo de un grupo a otro, sin hablar, sin detenerse largo rato, hasta que al fin entró en una pulpería y pidió un trago° de aguardiente.°

Cuando salió ya había pasado el mediodía. Las calles iban quedando° desiertas. El calor del alcohol le subía por el pecho. Caminando lentamente había salido del pueblo. Iba en dirección a° las vegas del isleño. Casi sin percatarse° llegó a ellas. No se veía ningún hombre en el campo silencioso, lleno de calor y luz. Cruzó lejos de la casa, mirándola furtivamente, y se detuvo en el espeso bosque de samanes. Se sentó en el suelo° y luego se tendió° a lo largo, boca arriba, con el paquete de cabecera.°

Miraba en lo alto la tupida trabazón de ramas ocres que filtraba el azul del cielo.[7] Se oían leves° crujidos° y algún canto de pájaro. La sensación de soledad° aumentaba aquella angustia vaga que lo acosaba.° La respiración se le iba haciendo más corta, más rápida, más silbosa° y fría.° En las ramas más altas las hojas empezaron a temblar y después sintió en el propio cuerpo la gran oleada° de la brisa,° que volaba entre los troncos. Cerró los ojos y respiró profundamente.

Olía a ajos. El viento° venía de la siembra verde oscura, de lamer° los juncos lisos del ajo. Pensó en la mulata. Era ella misma que venía en el viento.

Todo lo que de ella había poseído era su presensia en aquel olor penetrante. En él sentía su tinte° oscuro, el clima de su carne, y hasta una palpitación viva y sin contorno° que se adhería a sus poros y un brillo de ojos húmedos.

___

[7] **Miraba . . . cielo:** *He looked up above at the mat of dark yellow branches through which the blue sky filtered.*

Sintió ruido de pasos y despertó casi de aquella
fiebre imaginaria que lo torturaba. Se incorporó.
Por entre ° los árboles asomaba vivo el traje florido   *among*
de la mulata.

A un mismo tiempo se miraron ambos y se detuvieron suspensos como ante un milagro.

Su angustia creció velozmente, sumergiéndolo
en un estado de imprecisión y de miedo, en el que
se le escapaban y confundían las nociones más
elementales. No sabía si estaba de pie o continu-
ba echado ° entre las raíces ° soñando. Si era la   *lying down/roots*
mulata que llegaba o solamente la imagen que
hacía flotar el olor. No podía moverse ni le salía
palabra de la garganta.

Giraba ° pesadamente en el aire el olor a ajos,   *swirled*
cercándolos ° y estrechándolos ° el círculo en que   *enclosing them/*
se movían, hasta ponerlos inminentemente próxi-   *tightening*
mos.°   *close*

Sentía en su mano el calor de la mano de la
mulata, que había apresado.° Sentía el peso ° de   *caught/weight*
ambas manos como piedra y no podía desatar °   *untie*
la ligadura.°   *bond*

Respiraba sobre el pelo de ella, sacudiendo °   *shaking*
los cabellos recios, mirando, con una mirada a-
jena ° al cuerpo, otro bosque y otro viento des-   *foreign*
conocidos.° Mecánicamente realizaba las imágenes   *unknown*
habituales.

La tiró fuertemente del pelo y vio crecer ° los   *open wide*
ojos desmesurados ° y aparecer ° el blanco frío de   *extreme/appear*
los dientes. La hacía plegarse ° hacia atrás como   *bend*
un arco.° Oía voces, sin saber si eran de ella o   *arch*
del mundo vegetal que los rodeaba.

—¿Qué estás haciendo?

La respiración cálida le cubría el rostro. La
besó ansiosamente,° persiguiéndola ° en la curva   *anxiously/following*
                                                                                  her
de la caída ° hasta que dieron ° en tierra.   *fall/they touched*

Ahora la sentía entre sus brazos, inmensa,
hirviente,° como un gran caño ° de agua, como un   *hot/pipe*

tronco vivo, como un aire de sangre compacto y palpitante.

Rodaban sobre hojas secas sin tino: [8]

—Huele a ajos, mulata.

Intentaba ° una serie de gestos ° que venían ordenados desde su interior, sin que pudiera dirigirlos.

—A ajos, mulata.

La lucha ° pasó a un ritmo unánime y acordado como un pulso.

—A ajos.

Y después de una inmovilidad muerta y perdida ° en lo hondo,° donde yacía su consciencia.

Una chispa ° de luz brillaba ° en los ojos de la mulata como el reflejo de una vela ardiendo, quieta, en la calma. Como la luz de una de las diez velas que había encendido.

Y ahora, ¿por qué estaba allí? Las diez velas habían ardido, estaba cumplida la promesa, y debía regresar al rancho, donde faltaba ° para el trabajo del campo. Ya debía estar lejos por el camino.

Venía un aire más fresco del lado ° de los montes. Respiró con sed.° Esa brisa limpia, sin olor de ajos.

Miró a la mujer por tierra como un cadáver. Ella sola estaba llena ° de muerte, de fatalidad,° de olor a ajos. Una luz suave del atardecer adelgazaba ° los árboles.

Sin hablar, recogió su paquete y se fue alejando. A cada paso aceleraba ° la marcha, como si huyera. Un viento perezoso y ancho fluía de los límites del bosque y llenaba el vasto espacio de la tarde, abierta entre los montes.

Sentía prisa de irse y de llegar lejos. Venía como de una enfermedad ° a la salud. Marchaba con paso alegre y rápido. Comenzó a silbar.° En

he was trying/gestures

struggle

lost/deep
spark/was shining

he was needed

from the direction
thirst

filled/fate

made thin

he hurried

sickness
to whistle

---

[8] **Rodaban . . . tino:** *They rolled all over the dry leaves.*

la distancia, que fundía ° la sombra, traqueteaba °   *merged with/*
una carreta con un farol ° entre las ruedas.°   *rattled along*
                                                        lamp/wheels

EJERCICIOS

I. Conteste las preguntas siguientes en clase.

1. ¿Qué fue a hacer el hombre al templo?
2. ¿Cuánto tiempo había caminado para cumplir la promesa?
3. ¿Por qué no podía regresar?
4. ¿Dónde encontró trabajo?
5. ¿Qué tipo de trabajo hacía?
6. ¿A quién vio junto al establo?
7. ¿De qué olor se llenó el aire con la brisa?
8. ¿A quién imaginaba tener cerca? ¿Por qué?
9. ¿En qué forma influye el clima tropical en los pensamientos del joven?
10. ¿Cómo andaba por las calles la gente el domingo?
11. ¿Por qué estaba huraño y extranjero?
12. ¿Cuándo había cobrado la paga de la semana?
13. ¿Por qué no emprendía el viaje de regreso a su casa?
14. ¿Qué había hecho ese domingo?
15. ¿A qué fue a la pulpería?
16. ¿A dónde fue después de salir de la pulpería?
17. Cuando el joven está tendido en el suelo, ¿por qué despierta de la fiebre imaginaria?
18. En la descripción del encuentro, ¿son las fuerzas naturales más poderosas que los jóvenes?
19. ¿Cómo reacciona el joven después de hacerle el amor a la mulata? ¿Por qué?

20. ¿Por qué se aleja como si huyera?
21. ¿Qué indica el autor al decir "venía como de una enfermedad a la salud"?
22. ¿Tiene una religión profunda y verdadera este joven?
23. ¿Por qué se considera tan importante la Virgen y las imágenes de la Virgen en la cultura hispana?
24. ¿Qué características del ambiente colocan este cuento completamente dentro de un sitio tropical?

II. Sinónimos. *De la lista a continuación, sustituya un verbo, palabra, o frase similar en significado al verbo, palabra, o frase en bastardilla en cada oración. Haga todos los cambios gramaticales necesarios.*

1. Tenía que regresar al rancho porque *lo necesitaban* para el trabajo del campo.
2. El *pleito* entre los dos chicos duró una hora.
3. Trató una serie de *movimientos* faciales.
4. *Se puso de pie* de nuevo para mirar hacia la siembra de ajos.
5. El agua estaba *templada*.
6. Se ve la luz de una *lámpara*.
7. *Empezó* la tarea.
8. Se ve *muleteros* por todas partes.
7. Hubo de *irse* sin rumbo, yendo de un grupo a otro.
10. La *brisa* venía de la siembra verde oscura, de lamer los juncos lisos del ajo.

a. emprender   e. arriero   i. intentar
b. pararse   f. hacer falta   j. candil
c. tibio   g. alejarse   k. viento
d. gesto   h. lucha

III. Antónimos. De la lista a continuación, sustituya un verbo, palabra, o frase con significado opuesto al verbo, palabra, o frase en bastardilla en cada oración. Haga todos los cambios gramaticales necesarios.

1. Estaba muy *cerca* de su pueblo.
2. Un viento *enérgico* fluía de los límites del bosque.
3. Tiene que sentarse *a la sombra*.
4. No tenía tiempo para *trabajar*.
5. Esta vista es impresionante; podemos ver una *montaña* bella.
6. Estaba *de pie* al lado del árbol.
7. Se sentía muy *calmado* después de lo que había ocurrido.
8. Aunque no quería, tenía que *acercarse* al fuego.
9. *Apagó* las velas.

   a. llanos   d. lejos   g. al sol
   b. angustiado   e. perezoso   h. divertirse
   c. sentar   f. alejarse de   i. encender

IV. Complete las oraciones siguientes con palabras tomadas de la lista a continuación. Haga todos los cambios gramaticales necesarios.

1. La mayoría de los coches tienen cuatro _____.
2. El _____ de la carreta iluminaba toda la calle.
3. Ese cura dice la _____ todos los domingos en la catedral.
4. Estaba muy enfermo; tenía fiebre y le dolía la _____.

5. Se quemaba después de estar en el sol por cinco minutos porque sufría de una enfermedad de la _____.

6. Las cuatro paredes de una habitación forman el mismo número de _____.

7. Hacía un calor infernal. Su cara estaba bañada en _____.

8. Un perro negro había _____ a la niña. Temían que tuviera rabia pero no lo podían encontrar.

9. Ya que no tenía almohada, utilizó el paquete como _____.

a. misa	d. sudor	g. rueda
b. piel	e. cabecera	h. garganta
c. mordido	f. farol	i. rincones

V. Traduzca las oraciones siguientes. Están basadas en oraciones que aparecen en el texto.

1. It smelled like a dark, closed room.
2. He felt goosebumps all over.
3. He stretched out under a tree.
4. His breathing got shallower.
5. He returned as if from an illness to complete recovery.

VI. ¿Son verdaderas o falsas las oraciones siguientes?

1. Encendió cinco velas a la Virgen.
2. El negro rezaba con mucho sentimiento.
3. La madre era la que había hecho la promesa.
4. El negro se queda en el pueblo porque no tiene dinero para regresar.

5. Le costó mucho trabajo obtener empleo.

6. El primer día comenzó a trabajar al atardecer.

7. La hija del amo era una mulata sensual.

8. Había muchas personas por las calles el domingo.

9. El hombre regresa a su casa apenas tiene suficiente dinero.

10. Cuando el negro salió de la pulpería estaba medio borracho.

11. La mulata se encontró con el negro accidentalmente.

12. Después de hacerle el amor a la mulata se dio cuenta que estaba enamorado de ella.

Lino
Novás-Calvo

Cuba

Born in Galicia, Spain, in 1905, Novás-Calvo emi-
grated to Cuba as a child. In Cuba, he achieved
prominence as a correspondent and magazine editor. He ultimately became the managing editor of
Bohemia, Cuba's largest weekly magazine. Later
he taught languages at Havana Normal School.

Disillusioned by the failure of the Cuban Revolution to fulfill its promises of free elections and
respect for individual rights, he chose voluntary
exile and came to the United States in 1960.
For the past seven years, Novás-Calvo has been
a visiting professor of Spanish and Latin American
literature at Syracuse University, New York.

*Nadie a quien matar,** published in *Maneras de
contar* (1970), offers the reader a bird's-eye view
of the profound changes that occurred in Cuba
during the Castro takeover. In the introduction to
the story, Novás-Calvo states that although the
names of the characters have been changed and
some fiction added, the happenings described are
authentic. *Nadie a quien matar* serves as a realistic
account of the often-recounted but difficult to believe events that followed the establishment of a
Communist regime.

* Because of the length of this story, we recommend
that it be read in two parts.

NADIE A
QUIEN MATAR

Esta es la versión fiel ° y la historia verdadera de los últimos días de Lauro Aranguren. Perdón: el doctor Lauro Aranguren, con todo respeto.   *faithful*

He leído por ahí, en hojas tiradas en el extranjero,[1] versiones que se apartan absurdamente de los hechos. En una, por ejemplo, se pinta a Lauro Aranguren encaramado ° en las lomas ° y mochando ° cabezas de revolucionarios. Allá ellos ° con sus delirios.° No es mucho más lo que les queda.   *perched up/hills*   *chopping/that's up to them*   *hallucinations*

Pues bien, a lo de Lauro.[2] Esto que les voy a contar es—pónganle el cuño °—lo más exacto que pueda conocer una persona que no sea él mismo. Y él—en paz ° descanse—ya no está para contarlo.   *rest assured (cuño = stamp)*   *peace*

Lauro había pasado dos años en la Isla.[3] Ya ustedes me entienden. No digo que lo hayan condenado a esa prisión. Nunca fue juzgado.° Lo mandaron, simplemente, para allá, y allá estuvo hasta que un buen día que yo jamás creí que llegara, lo trajeron para acá y lo dejaron de patas ° en los Cuatro Caminos.[4] Así, como suena: sin más   *brought to trial*   *they left him standing*

[1] **en . . . extranjero:** *in newsletters published abroad*
[2] **a . . . Lauro:** *going back to Lauro's story.*
[3] **Isla = Isla de Pinos:** an island to the southwest of Cuba on which was located the Federal Prison, where the Castro regime kept most political prisoners
[4] **Cuatro Caminos:** a famous four-way intersection in Havana

proceso ni más papeles. Por qué sucedió así, yo no lo sé. No puedo más que imaginármelo. Quizá hubiese que hacer hueco° para otro, porque en aquellos días estaban muy apretados ° en las circulares.° O bien ° que un doctor dijo—como luego dijo Lauro—que le quedaban tan sólo semanas, a lo más meses, de vida; y alguien (¿el capitán Figueiras?) ordenó botarlo ° para fuera, como se bota para el monte ° a un animal moribundo. El hecho es que lo soltaron,° y eso basta.

to make room
crowded
prison cells/or else

to throw him out
woods
they set him free

A su regreso de presidio,° el doctor Lauro Aranguren no tenía ya casi familiares ° ni amigos en La Habana. El único que pudiera andar por ° aquí, pero que el doctor no estaba seguro de que anduviese, era su medio hermano bastardo Romilio Canаón. A Lauro le extrañaba ° no haber tenido noticias de Romilio en los últimos diez meses. Romilio había sido para él—y para su esposa Claudia—la única alma piadosa°en sus primeros catorce meses de prisión. Nunca Lauro le había perdonado a su viejo,° don Anselmo, no haber reconocido a aquel muchacho que, venido de Oriente, ° se había encontrado aquí perdido y desamparado,° bien que ° por la mano de Lauro [5] le había ido dando con qué abrirse paso. [6] Lauro y Romilio siempre se habían tratado de°hermanos. Y es decir poco, porque Romilio había sido para Lauro más hermano que sus hermanos enteros, Felisa y Servando, con los cuales, por motivos políticos, siempre estaba en pelea.° Felisa era también doctora, pero de las que más bien ° matan que curan. En cuanto a Servando, bajó capitán de la sierra y con toda la barba.[7]

penitentiary
relatives
could be around

seemed odd

pious

old man (i.e., father)

Eastern Province of Cuba
abandoned/although

dealt with each other as

fighting
rather

[5] **por . . . Lauro:** *with a hand from Lauro; i.e., with Lauro's help*
[6] **le había . . . paso:** *he (Romilio) had been able to make a place for himself.*
[7] **bajó . . . barba:** *he came down from the mountains with a captain's commission and a long beard.* (The fight against Batista was mostly guerrilla skirmishes in the

Lauro Aranguren era hombre de paz, de estudio y de trabajo, y por eso sentía una aversión incontenible por la revuelta.° Era como si previera ° que la Gran Revuelta vendría a quitarle la paz, su estudio y su trabajo. Cuestión de olfato largo,° como decían en mi pueblo. Felisa y Servando, en cambio, andaban inquietos, en celo y corcoveando,[8] como buenos. Estaban apuntados ° —si ustedes me entienden—. Bastaba verlos bracear ° y oírlos chillar ° para entender que les había entrado el daño:° como aves ° que sienten venir el huracán, no saben dónde meterse,° y creen salvarse añadiéndole ° el viento de sus alas.° ¡Le partían a uno ° el corazón! Su tiempo había pasado, pero ellos aún no lo sabían. Felisa gritó mucho en los primeros días. ¡Qué linda boca redondeaba ella pidiendo paredón![9] Servando, por su parte, lució algún tiempo sus barbas, pero al fin otros le pusieron el pie delante ° y lo hicieron caer. Cuando Felisa y Servando vinieron a darse cuenta, no les quedó más tiempo ni más trapo ° que para impulsar un barquito robado[10] que los llevó al mismo corazón del Golfo de México.

Lauro, en cambio, sobrevivió,° con su esposa Claudia y sus hijos pequeños, Clara y Ricardito. Y sobrevivió, desde luego,° su medio hermano Romilio Candón, con el cual más que nunca ° Lauro

revolt

he could foresee

keen sense of smell

marked

wave their arms/shout
the virus (of the Revolution)/birds
to hide
by adding to it/wings
they broke one's

they tripped him up

(trapo = vela); i.e., energy

survived

naturally

more than ever

---

mountains of Cuba. During the first few days after the success of the Revolution, it was prestigious to be bearded, as it meant that you had been one of the relatively few who had participated in the actual fighting.)

[8] **andaban . . . corcoveando:** *they were restless, bucking like horses, as if they were in heat*

[9] **paredón:** *to the firing wall!* (At the start of the revolutionary regime, this was a shout given by its sympathizers urging the execution without trial of war criminals; it was later extended to include all enemies of the Revolution.)

[10] **no . . . robado:** *they had neither time nor strength left (to do anything) but to take off in a stolen boat*

se sintió identificado. Extraño: Lauro, hermano rico, y Romilio, hermano pobre, pensaban lo mismo, o bien° eso parecía. Si jamás°se habían metido° en política, era para bramar° contra ella, que no dejaba crecer más que° las malas hierbas.[11] Lauro era médico y Romilio era mecánico. A la larga,° liquidadas las reservas que había dejado el viejo, estaban emparejados.° Romilio era buen mecánico. Lauro no era mal médico, pero le había dado,° no sé por qué, por echarse° pacientes pobres. De modo que°no había tanta diferencia. Eso, ya antes del Huracán.°

rather/if ever
bothered/rage
anything but

in the long run
equals

he had gotten into the habit/taking on
so that
(Huracán = the Revolution)

El Huracán—dejen que lo llame de ese modo —sorprendió a Lauro en Oriente (de visita) y a Romilio en La Habana (instalado°). Lauro regresó detrás de los barbudos,° aturdido, fuera de sí.[12] Las palabras no pasaban de su garganta,[13] los ojos se le salían de la cara, caminaba como el muerto de una *nganga*.[14] Sus hermanos andaban por ahí, ella pegando gritos° y él prendiendo gente.° La primera noche Lauro no miró a los ojos de Claudia ni abrió la boca—ni para hablar, ni para comer—, pero el día siguiente se presentó en el taller° de Romilio en Luyanó y le dijo:

settled
bearded men

shouting
taking prisoners

repair shop

—Hermano, ¿qué tú me dices?

Romilio salía todo engrasado de debajo de un carro. Lo miró pestañeando:

—Lo que tú y yo hemos dicho siempre. Pero ahora esto no hay quien lo pare.[15] Ahora no queda más que agacharse.[16]

---

[11] **que no . . . hierbas:** i.e., *only worthless people succeeded in politics.*

[12] **aturdido . . . sí:** *bewildered, out of control.*

[13] **no . . . garganta:** *could not come out*

[14] **nganga:** In Cuban voodoo, the term used for a dead person, spirit, soul or mystery from the beyond. It is also the potion that the witch doctor makes with herbs and other ingredients to get possession of a dead person's soul .

[15] **no . . . pare:** *there is no one who can stop this (the Revolution).*

[16] **agacharse:** i.e., *to try to go with the current.*

Lauro asintió. Él y Romilio siempre habían coincidido en la manera de ver las cosas, no como quisieran que fuesen, sino como eran realmente. Al principio de la Agitación° habían dicho que aquí la gente estaba jugando con candela,° y que si la Candela Grande llegaba, no les quedaría tiempo para escapar. Pero ahora no quedaba más que doblegarse° y callar.

i.e., the Revolution

fire

submit

—Hermano, ésta es la Candela Grande—dijo Romilio.

Lauro se allanó° a lo irremediable. Su viejo perdió la ferretería° en los primeros días porque diz° que había hecho negocios indebidos,° y se volvió a su Vasconia.[17] Felisa y Servando, con sus familias aparte, se habían embarcado° y . . . estaban *embarcados*.[18] Lauro no podía ir con ellos en ese viaje. Pero tampoco tenía con quién ir en contra. De modo que después de sus consultas° en Santos Suárez y Emergencias, con frecuencia acudía° junto a Romilio para charlar en secreto. La mujer de Romilio, Raimunda, les llevaba café a la terraza detrás del taller y frente al traspatio.° No hablaban mucho, pero parecían entenderse y entender lo que iba pasando. *Aquello*° estaba allí y estaba para quedarse. No había más que tratar de salir a flote.°

accepted

hardware store

it was said/crooked

sailed; i.e., left the country

office hours

he would go

inner patio

i.e., the Revolution

keep one's head above water

—Mi hermano—decía Romilio—, lo que importa es no morir. Aquí lo que no hay es que morirse.

Y así, los primeros meses. Luego, cuando la cosa les tocó en lo vivo° a los hermanos Felisa y Servando, ni Lauro ni Romilio quisieron tener nada que ver° con ellos. ¿Quiénes, si no ellos, y otros como ellos, habían criado aquellos cuervos?[19] Ahora, Felisa y Servando no sabían cómo

really got them

anything to do

[17] **Vasconia = Provincias Vascongadas:** province in the northeastern part of Spain, home of the Basques
[18] **embarcados:** *deceived* (Cuban). A play on words with previous *embarcado*.
[19] **habían . . . cuervos:** From the Spanish proverb *"Cría cuervos y te sacarán los ojos,"* which translates:

defender sus ojos. A Romilio no acudieron. No lo
conocían bastante para eso. Pero a Lauro se le
arrastraron° y, a la hora de correr, le pidieron *they crawled to him*
ayuda. Él se la prestó. Él no estaba con ellos, ni
antes, cuando corrían delante de Batista, ni ahora,
cuando corrían delante de Fidel. Eran los eternos
corredores, y Lauro no iba con ellos. Pero, después de todo, eran sus hermanos, y les ayudó a
esconderse, y luego a sacar del Almendares [20]
aquel yatecito° que los llevó al Golfo de México. *small yacht*
Mutis.° Se acabaron Felisa y Servando. *exit*

Aquél fue sin duda el primer error del doctor
Aranguren. De haber seguido° consolando y dan- *if he had continued*
do placebos° a sus enfermos, sin ocuparse de *sugar pills*
otras cosas, otro gallo° le cantaría.[21] Pero se dejó *rooster*
ablandar° por sus hermanos en un tiempo en que *be softened up*
no se puede ser blando. Y ése fue su error. Hay
tiempos en que no se puede tener tan buen corazón.

El caso fue ése: que Lauro fue entonces de-
tenido, y se le hizo la primera ficha.° Salió bien. *(police) record*
Todavía tuvo tiempo de recoger velas,° volver a *to trim his sails*
sus pacientes y hablar con Romilio y estudiar y
dejarse de más zarabandas.[22] Pero por algo que
vio y algo que le hicieron allá . . . , en la Quin-
ta Avenida,[23] empezó a envenenarse,° y cuando *to become embittered*
vino a ver° estaba envuelto en una pequeña cons- *he opened his eyes*
piración con otras gentes. Al fin vino lo que tenía
que venir: Lauro tardó en comprender cómo ha-
bían podido sorprenderlo:° si es que realmente *catch him by surprise*
llegó jamás a comprender nada de lo que estaba

"Raise crows and they will peck your eyes out." The
English equivalent is: "You have made your bed, now
you have to lie in it."
[20] **Almendares:** a river near Havana
[21] **otro . . . cantaría:** i.e., *the story would be different.*
[22] **dejarse . . . zarabandas:** *stop rocking the boat.*
[23] **Quinta Avenida:** a fashionable avenue in a suburb
near Havana where G-2 headquarters is located. Inter-
rogations of political prisoners take place here.

pasando. Se habían juntado para no sé qué intento ° dinamitero ° allá por las Alturas de Belén [24] y antes de que empezaran siquiera a platicar se vieron en un cerco ° de reflectores. Dos de ellos escaparon a tiempo y a gatas ° por debajo de las luces; tres cayeron en la fuga,[25] los demás fueron apresados y enviados, unos al Príncipe [26] y otros a la Isla.

attempt/sabotage

circle

crawling

Por periódicos que leyó y visitas que recibió, y algunas cartas, fue Lauro haciéndose una imagen, más o menos exacta, de lo que había sucedido. Los dos que escaparon—un tal° Floro, un tal Reynaldo—podían, o no, haber jugado a dos barajas.[27] Lauro no estaba seguro. Pero había otros tres que acaparaban ° sus sospechas.

a certain

monopolized

El primero de estos tres era Rosalba Espallat, su prima lejana,° que había sido su novia. Estaba ahora casada con un barbudo ° pero decía odiarlo, junto con cuanto ° simbolizaba, y desearle la muerte. La segunda persona era Guarino Sureda, un paciente a quien Lauro había salvado la vida y que parecía estarle eternamente agradecido. La tercera persona era Otilio Rendueles, pariente de Claudia y uno de los más fieros agitadores de los primeros tiempos. Los tres se decían ° amargamente ° desencantados y eran, en efecto, los cabecillas ° del grupo de Lauro.

distant

bearded man

all that

said they were

bitterly

leaders

Ninguno de los tres acudió a la reunión en que los coparon,[28] y con el tiempo—el tiempo de presidio—Lauro se hizo de ellos la peor de las imágenes.

Desde la Isla, Lauro se comunicó con Romilio.

[24] **Alturas de Belén:** a suburb near Havana
[25] **cayeron . . . fuga:** *died trying to get away*
[26] **Príncipe:** Castillo del Príncipe, an eighteenth-century fortress in the middle of Havana, now used as a prison
[27] **haber . . . barajas:** *played with two cards;* i.e., *have been double agents.*
[28] **en . . . coparon:** *in which they were captured by surprise*

Éste ° fue, incluso,° a verlo dos o tres veces, pero   *he (Romilio)/even*
la última le dijo:

—Hermano, por ti haré lo que pueda, pero no
me pidas que vuelva a verte. Tengo que cuidar
de Raimunda y de los fiñes ° . . .   *kids*

Lauro le pidió solamente que ayudara a Claudia.
Ésta se quedó en La Habana con los niños y sin
más nada. La consulta ° fue incautada,° lo mismo   *office/confiscated*
que otras propiedades. Le dejaron la casa, allá
detrás del Laguito.²⁹ Claudia fue gastando las reservas y consumiéndose a sí misma por días. A
veces, Romilio iba a verla a hurtadillas ° y conver-   *secretly*
saba con ella a oscuras en el jardín que tenían al
fondo de la casa. Ésta era una casa grande, para
señores.° Nunca Romilio había estado antes en   *aristocrats*
ella.

Lauro recordó aquellas buenas relaciones de
Romilio. Cuando Claudia iba de visita a la Isla,
Romilio se encargaba de los niños, hasta que el
abuelo don Anselmo vino a buscarlos y se los
llevó para España. Romilio siguió ayudando a
Claudia. Ésta estaba ya muy enferma, y no tardó
en morir (una noche, en la cubierta del barquito °   *small ship*
que la traía de la Isla).

Ésa es la historia. Fue Romilio quien recogió
el cadáver de Claudia y le dio sepultura.° Con   *buried it*
eso cumplía. No podía hacer otra cosa. Escribió
a Lauro dándole cuenta de todo, y diciéndole que
la casa se la habían confiscado. Luego dejó ° de   *he quit*
escribirle. Lauro llegó a ° pensar que por su cul-   *he got to*
pa ° Romilio se había comprometido y que tal   *because of him*
vez estuviera también en alguna galera.° No supo   *prison*
más hasta su regreso.

—Hermano—le dijo entonces Lauro—, tú eres
de los buenos. De los que quedan pocos.

Tan pronto como lo soltaron en Cuatro Ca-

²⁹ **Laguito:** A small lake in Marianao, a city next to
Havana, near the beaches. It has several fashionable sub-
divisions.

minos, Lauro fue directamente en busca de Romilio. Lo encontró en el mismo taller, pero éste
había sido ampliado.° Romilio explicó: *enlarged*

—Han pasado muchas cosas. Y las que faltan . . .³⁰ Pero tú y yo siempre hemos pensado
lo mismo: hay que vivir. ¿No es verdad, hermano?

Romilio ya no tenía su familia pegada° al taller.   *next*
Pero allí habilitó° un cuarto para Lauro. Éste se   *he furnished*
dio una larga ducha° y se fue, con el dinero que   *shower*
le dio Romilio, en busca de un revólver y unas
prendas° que había escondido, dos años antes,   *jewelry*
en el hueco de una ceiba° allá por Puentes   *silk-cotton tree*
Grandes.³¹ Al regreso le dijo a Romilio:

—Hermano, en ti confío.° Traigo un propósito.   *I trust*
Lo he incubado en presidio. Pero me tienes que
guardar el secreto.

Venía flaco, seco, carcomido,° como una es-   *decayed*
taca° vieja. Los huesos se le desgonzaban° al   *stick/unhinged*
andar y era casi imposible verle los ojos allá en
el fondo de la calavera.° Pero de esos ojos ma-   *skull*
naba° una luz demente y homicida.   *emanated*

—Hermano—le dijo a Romilio—, me queda
poco de vida. Soy médico y lo sé. He visto las
placas° y los análisis. Pero antes de morir tengo   *x-ray pictures*
que realizar una pequeña operación. Sólo así mo-
riré tranquilo. Mejor dicho, tres operaciones.

Romilio le escuchaba callado y tranquilo. Cuando Lauro le preguntó por su esposa y sus niños,
Romilio contestó evasivamente:

—Los mandé allá, por en vuelta de Almendares.

La noche siguiente volvieron a conversar. Se
hicieron café y tomaron la brisa que venía del
arbolado.° Desde allí—la terraza del patio—y de   *the trees*
noche las cosas no parecían haber cambiado mu-
cho. Solamente que Romilio se mostraba más cauteloso,° y explicó: *cautious*

---

³⁰ **Y . . . faltan:** *And more are to come . . .*
³¹ **Puentes Grandes:** a suburb of Havana

—Pues . . . como te iba diciendo, tú no puedes arremeter contra los ciclones.[32] Lo más que puedes hacer es guarecerte.° Tú sabes que esa es mi filosofía. — *take cover*

Lauro estaba demasiado embebido ° en sus pensamientos para prestar mucha atención a lo demás. Su obsesión era realizar aquellas *operaciones* que traía concebidas.° Luego le contaría a Romilio el resultado. — *absorbed* / *planned*

—No me pidas que te diga más por ahora. Ni a ti mismo, mi hermano, debo descubrir el secreto. Porque a lo mejor tratas de disuadirme. Y eso, nunca: nadie podrá disuadirme jamás de hacer lo que me he propuesto. Lo he incubado en presidio.

Romilio le dio un catre ° y le procuró alguna comida. — *cot*

—Uno se las bandea ° como puede—explicó Romilio—. La comida escasea,° pero tú come y descansa. No te preocupes. — *manages* / *is scarce*

Pero Lauro no venía a descansar. Romilio fue entendiendo, poco a poco, en los días siguientes, lo que Lauro traía tramado. Desde el principio se dio cuenta de que era una venganza. ¿Podía ser contra Floro y Reynaldo? ¿O más bien contra Sureda, Rendueles y Rosalba?

Durante tres días estuvo saliendo Lauro de día y de noche. Romilio lo seguía o lo hacía seguir.° Lauro llevaba el revólver y las balas en un cartucho,° de modo que nadie podía sospechar. Romilio le regaló un sombrero viejo y una guayabera ° nueva y unos zapatos usados. Lauro comía poco y a cada paso se llevaba la mano al pecho y se ponía verde. — *had him followed* / *paper bag* / *Cuban shirt*

Lo primero que hizo Lauro el primer día que salió fue rondar ° la casa en que había vivido Sureda, en Santos Suárez. — *to prowl around*

---

[32] **no . . . ciclones:** *you can't fight the hurricane (the Revolution).*

El segundo día rondó la casa de Rendueles, en
Puentes Grandes.

El tercer día dio vueltas° a la de Rosalba en
Buena Vista. *he went by*

Ahora sabía Romilio lo que Lauro se proponía.
Era a esos tres a quienes venía a liquidar en lo
que le quedara de vida. No había duda: Lauro
estaba persuadido de que eran esos tres los que lo
habían vendido.

Al principio, había pensado que acaso se habrían retrasado° y que por eso no los habían *fallen behind*
cogido en la redada.° Pero luego, Claudia le in- *roundup*
formó que los tres se habían eclipsado durante
unas semanas, que habían vuelto y que tenían
puestos° en los ministerios.° Si la veían en la *positions/government departments*
calle, le volvían la espalda. No tenía dudas de que
eran ellos los que habían tramado la conspiración
para atraparlo. Los dos que se habían escapado
por debajo de los reflectores—Floro y Reynaldo
—habían caído más tarde. Uno fue abatido° sa- *cut down*
liendo de un cine en el Vedado. El otro apareció,
cadáver, flotando en una piscina de Miramar.
Luego, no podía haber duda—en la cabeza de
Lauro Aranguren—de que Rosalba, Sureda y Rendueles eran los judas.° Por eso le iban a preceder *traitors*
al más allá.° *the Great Beyond*

—Tú sabes, Romi—le dijo a Romilio—, aquí
todos fuimos un poco judas. Pero unos más que
otros, y esos fueron los peores judas. Por eso ten-
drán que pagar.

Sin darse cuenta, le estaba revelando su propósito. No dijo, en concreto, que pensaba matar-
los, pero Romilio pronto se fue dando cuenta de
lo que traía en la cabeza, y lo dejaba—siguiéndolo
—a ver hasta dónde llegaba.

Cada vez que Lauro regresaba de una de a-
quellas exploraciones, parecía más loco y más desencajado.° Lo que en cada una había descubierto, *disfigured*

le parecía increíble. Por los vecinos, por el bodeguero,° por los miembros mismos del Comité,[33]   *grocer*
se iba enterando de que, primero, Sureda había
escapado al Norte; segundo, que Rendueles se
había metido en una embajada,[34] y tercero, que
Rosalba, enviada a Europa, no había regresado.
Lauro no acababa de entenderlo, y tuvo que volver varias veces a rondar sus casas y hablar con
los vecinos para persuadirse. No había querido
preguntarle por ellos ° a Romilio, para no tener   *about them*
que dar más explicaciones, pero al fin le dijo:

—Explícame eso. No lo entiendo. ¿Por qué escaparon?

—¿Por qué escaparon tantos otros?—preguntó
a su vez Romilio—. No hagas preguntas tontas.°   *foolish*
Aquí la candela viene de abajo.[35]

Lauro enmudeció durante una semana. Guardó
el revólver en un hueco del muro, y salía a caminar por las calles como un fantasma. Se le veía
tambalearse,° cabecear, mover los labios como si   *staggering*
hablara solo. Al fin, una noche, se dejó caer en la
mecedora ° de la terraza del traspatio y le dijo a   *rocking chair*
Romilio:

—Esto se acabó. Ya no hay más qué hacer.
Cuando me soltaron, creí que aún podía practicar °   *carry out*
esas operaciones . . . Pensé que habría alguien a
quien también yo pudiera matar. Porque, óyeme
esto: yo necesitaba matar a alguien. Y ahora . . .

Pero al otro día una nueva idea brincó ° en su   *hopped into*
cabeza afiebrada ° y demente, y se reanimó.°   *feverish/he cheered up*

---

[33] **Comité** = Comité de Defensa de la Revolución: organization formed by the Castro government throughout
Cuba consisting of small groups of sympathizers in all
sections of every town whose function is to implement
the Revolution's guidelines and guard against its enemies

[34] **embajada:** *embassy;* usually an ambassador's resi-
dence; where a political fugitive can find sanctuary, provided the government represented by the embassy is pre-
pared to grant him asylum

[35] **la . . . abajo:** *the fire comes from below;* i.e., *their
turn had come.*

Hasta entonces no había preguntado a Romilio por su casa. La casa que, según Romilio, le habían confiscado al morir Claudia. No había querido acercarse a ella, tal vez por temor a que eso lo distrajera del otro propósito. Sólo cuando se convenció de que Rosalba, Sureda y Rendueles habían levantado el vuelo,° se acordó de su casa y de las personas que pudieran habitarla.

taken flight

Romilio se dio cuenta al instante. Lauro recogió el revólver, lo limpió, frotó ° las balas contra la guayabera. Los ojos se le habían vuelto a llenar ° de aquel fulgor ° asesino.

rubbed
had filled again
gleam

—Hermano—le dijo a Romilio—, el caso es hacer algo, matar a alguien. Porque lo que hay hacer es empezar a matar gente. Quienquiera que sea. Todos somos culpables.

Y luego preguntó como de paso:

—Por curiosidad, ¿sabes quién vive ahora en mi casa?

—Uno cualquiera—repuso Romilio—. ¿Qué importa quién sea? Todas las casas han sido repartidas.° Y eso no tiene vuelta atrás.

given away

—No, no . . . Entiéndeme bien. No pienso reclamar la mía. Ya sé que no me la van a devolver. Además, para lo que me resta de vida . . . Pero, por curiosidad, me gustaría verle la cara al *inquilino*.°

tenant

—No te lo aconsejo—le dijo Romilio—. No sacarías nada y . . . bueno, mira, hazme caso: ¡deja eso! °

cut that out!

Pero las palabras de Romilio carecían de fuerza. Sabía que ya nadie podría disuadir a Lauro de ir a ver la cara del *inquilino*. En vez de insistir, se puso a vigilarlo, y cuando empezó a caer la noche, lo siguió a distancia y con disimulo:° Lauro en la guagua [36] y Romilio en su carro.

furtively

Lauro merodeó ° una hora por los alrededores,° como si temiera aproximarse. Iba frenando ° el

roamed about/ neighborhood
slowing

[36] **guagua:** Cuban for *bus*

paso, tratando de parecer natural e indiferente, lo
cual lo hacía todavía más sospechoso. Llevaba
como siempre el revólver en el cartucho. Se fue
acercando, en círculos, siguiendo una espiral in-
visible. Cuando, a una distancia de dos cuadras,° *blocks*
llegó a una esquina desde la cual podía ver un
trozo ° de la reja ° de su casa (formaba esquina y *section/fence*
tenía jardín en derredor),° se dio un frenazo. Se *around it*
quedó como transfigurado.

Mientras se acercaba, Lauro iba mirando, con
disimulo, a los portales de las casas. Todo, por
allí, tenía que parecerle vuelto al revés.° Las casas *inside out*
eran las mismas (si acaso, más sucias) y los mis-
mos eran los jardines (aunque peor cuidados),
pero la gente . . . ¡era tan distinta! No era *de
allí*.

Primero se tambaleó, luego pareció clavado en
tierra, al fin echó de nuevo a andar, más lentamente. Se dirigió por la acera de enfrente, a la
calle que pasa por detrás de la casa. Pasó (con la
cara vuelta hacia ella, tieso el cuello) y no paró
hasta que halló un refugio de sombra. Todavía
desde allí podía ver la casa.

Lo que pudo ver al pasar era: el jardín ° o *yard*
traspatio a oscuras, luces en el interior y, quizá,
una mujer oscura poniendo la mesa. Los niños, no
pudo verlos, porque estaban en la sala y en el portal
del frente, del otro lado. Tampoco pudo ver al
hombre que, sentado en el reborde ° de la terraza *edge*
posterior, le esperaba en la oscuridad.

Lauro volvió sobre sus pasos y, una vez más,
pasó, rápidamente, por la acera de enfrente. Pero
la tercera vez vino pegado ° a la reja y al llegar a *close*
la entrada penetró rápidamente en el jardín por el
camino empedrado. Venía, revólver en mano, dis-
puesto, sin duda, a preguntar por el *inquilino*.

Pero no llegó muy lejos. No bien se hubo puesto
bajo el reflejo de la luz que manaba del interior,
el hombre que estaba sentado en el reborde de la

terraza levantó su propia arma y disparó tres veces seguidas.

Las tres balas salieron vibrando como latigazos ° metálicos. El hombre que estaba sentado en la terraza no se movió. Lauro se entiesó, giró sobre sí mismo, retorciendo ° una pierna en la otra, y empezó a caer lentamente. Antes de que acabara de caer, Romilio le disparó otras tres balas.

whips

twisting

Lauro tuvo quizá tiempo de reconocer a Romilio. Quizá. De eso no se puede dar testimonio. Pero al menos quedó sentado, como mirándolo, de espaldas contra el bibijagüero.° Fue entonces cuando Raimunda encendió la luz del traspatio y empezó a llamar a gritos a los vecinos.

ant hole

Así que ahí tienen: ése fue el fin del doctor Lauro Aranguren. Podría añadir cómo acudió el Comité, cómo se levantó acta [37] diciendo que Lauro había venido a matar al *inquilino* (y que éste se había defendido) y cómo luego lo llevaron a Colón [38] sin música ni salvas.°

pomp

Ésa es la verdad. Que luego no sigan diciendo [39] por ahí que el doctor Lauro Aranguren anda todavía por las lomas mochando cabezas. ¡Dejen eso! Lo que acabo de decir es la verdad pura y limpia.

Yo tengo por qué saberlo. ¡Yo soy Romilio Candón!

EJERCICIOS

I. *Conteste las preguntas siguientes en clase.*

1. ¿De qué es ésta la versión fiel?
2. ¿Qué ha leído por ahí el narrador?
3. ¿Dónde había pasado dos años Lauro?

[37] **se . . . acta:** i.e., *it was officially declared*
[38] **Colón:** Havana's largest cemetery
[39] **Que . . . diciendo:** *Let's not have people keep on saying*

4. ¿Había sido juzgado Lauro?

5. ¿Por qué lo dejaron ir en libertad?

6. ¿De quién no había tenido noticias Lauro los últimos diez meses?

7. ¿Cuántos hermanos enteros tenía Lauro?

8. ¿Cómo bajó de la sierra Servando?

9. ¿Qué había previsto Lauro?

10. ¿A qué se refiere el narrador cuando habla del Huracán?

11. ¿Qué andaban haciendo los hermanos de Lauro los primeros días de la Revolución?

12. ¿Qué le dijo Romilio a Lauro respecto a la Revolución?

13. ¿Por qué perdió el padre de Lauro la ferretería?

14. ¿Qué quiere decir el narrador cuando dice que Felicia y Servando eran los eternos corredores?

15. ¿Por qué comienza a envenenarse Lauro?

16. ¿Qué estaba haciendo Lauro cuando fue sorprendido por la policía de Castro?

17. ¿Qué tres personas podían ser los traidores?

18. Cuando muere la esposa de Lauro, ¿qué hace la Revolución con la casa?

19. Cuando Lauro salió de la prisión, ¿qué cambios encontró en el taller de Romilio?

20. ¿Cuál era el plan que tenía Lauro para vengarse?

21. ¿Qué casas empezó a rondar?

22. ¿Quiénes fueron los que le dijeron que Sureda, Rendueles y Rosalba no estaban ya en Cuba?

23. ¿Qué nueva idea tuvo Lauro para vengarse?

24. ¿A quién dice Lauro que quería verle la cara?

26. ¿Qué pasó al final de la historia?

26. ¿Por qué cree usted que Romilio mató a Lauro?

27. ¿Se puede justificar este acto de Romilio?
28. ¿Qué tenía que haber hecho Lauro para no finalizar así?
29. Después de leer este cuento, ¿cree usted que son felices los cubanos?
30. Explique en qué sentido es diferente la vida de Cuba a la de los Estados Unidos de América.

II. ¿Son verdaderas o falsas las oraciones siguientes?

1. El narrador dice que cuenta la historia de Lauro para aclarar los hechos.
2. Felisa, la hermana de Lauro, es una mujer de buen corazón.
3. Romilio era médico de profesión.
4. Felisa y Servando estaban más unidos a Lauro que a Romilio.
5. Felisa y Servando cayeron en desgracia con la Revolución y escaparon al Norte.
6. Lauro empezó a envenenarse después de ser interrogado en la Quinta Avenida.
7. Lauro le estaba muy agradecido a su medio hermano Romilio.
8. Rosalba Espallat, la prima de Laura, decía que amaba mucho a su marido.
9. La esposa de Lauro murió en el barco que la traía de visitarlo en la prisión.
10. Después de salir de la prisión, Lauro sabía que le quedaba muy poco de vida.
11. Según Romilio, en la época de Castro hay mucha comida en Cuba.
12. Desde la prisión Lauro pensaba matar al nuevo inquilino de su casa.
13. La familia de Romilio había ido a vivir a la casa de Lauro.

14. Romilio se vuelve comunista porque simpatiza con la Revolución.

15. Al final del cuento nos enteramos que el narrador es Romilio.

16. El autor de este cuento piensa que la revolución cubana ha sido buena para el pueblo de Cuba.

III. *Traduzca las oraciones siguientes. Están basadas en oraciones que aparecen en el texto.*

1. Lauro was never fighting in the hills.

2. My father has spent two years in the Isla de Pinos.

3. The doctor had only a few weeks left to live.

4. I don't have any relatives in Havana.

5. Lauro could foresee that the Revolution was going to end his peace.

6. Servando liked to show off his beard.

7. Lauro started to think that perhaps Romilio was in prison.

8. Lauro had no doubt that Rosalba was one of the traitors.

9. No one can stop me from doing what I have planned.

10. We had made coffee and felt the light wind coming from the woods.

11. Without realizing it, he was revealing his intention to Romilio.

12. Lauro tried to appear natural, which made him more suspicious.

13. Romilio shot Lauro with six bullets.

14. Before falling, Lauro didn't have time to recognize Romilio.

IV. Sinónimos. De la lista a continuación, sustituya un verbo o una palabra similar en significado al verbo o a la palabra en bastardilla en cada oración. Haga todos los cambios gramaticales necesarios.

1. Ordenó que *expulsaran* al prisionero.
2. Se sentía *olvidado* por su familia.
3. Le *rompían* a uno el corazón.
4. *Arrestaron* a muchas personas en el país.
5. Me reparan el automóvil en el *garaje* que está cerca de aquí.
6. No hagas preguntas *estúpidas*.
7. Tenía una *camisa* blanca como las que se usan en el trópico.
8. En la prisión había *planeado* la venganza.
9. Ninguno de los tres *asistió* a la reunión.
10. La comida *no abunda.*

a. prender	e. escasear	h. botar
b. acudir	f. tonto	i. taller
c. concebir	g. partir	j. guayabera
d. abandonar		

VOCABULARY

Omitted from the vocabulary are: (a) articles; (b) personal pronouns; (c) demonstrative and possessive adjectives and pronouns; (d) adverbs ending in -*mente* when the corresponding adjective is listed; (e) verb forms other than the infinitive except some uncommon irregular forms and irregular past participles with special meanings when used as adjectives; (f) names of persons or places, and general references explained in the notes; (g) identical or easily recognizable cognates; (h) numbers, days of the week, and names of months; (i) diminutives and superlatives unless they have special meaning.

Gender of nouns have not been indicated in the cases of masculines ending in -*o* and feminines ending in -*a, -ad* and -*ión*. Adjectives are given in their masculine singular form only.

The following abbreviations are used:

adj. adjective	*m.* masculine
adv. adverb	*Mex.* Mexico, Mexican
anat. anatomy	*n.* noun
Am. Americanism	*Per.* Peru
Ang. Anglicism	*pl.* plural
conj. conjunction	*p. p.* past participle
Cub. Cubanism	*prep.* preposition
Chil. Chilenism	*pron.* pronoun
f. feminine	*Russ.* Russian
Fr. French	*s.* singular
Gal. Gallicism	*theat.* theater
inf. infinitive	*Ven.* Venezuela
interj. interjection	*vul.* vulgarism
lit. literally	

a at, by, in, on, to
— **causa de** because of
¿— **dónde?** (to) where?
— **duras penas** scarcely

— **eso de** at about (time)
— **la larga** in the long run
— **largo plazo** long-term
— **la vez** at the same time

— **media voz** in a whisper
— **medida que** as, in proportion as
— **modo de** as, like, in the manner of
— **no ser que** unless
— **pesar de (que)** in spite of (the fact that)
— **propósito** by the way
— **ratos** from time to time
— **tiempo** on time
— **ver** let's see
al amanecer at daybreak
— **lado de** besides
— **menos** at least
— **por mayor** wholesale
abajo below; downstairs
boca — face downward
más — farther down
abatido *adj.* cut down; dejected; fallen
abarrilado *adj.* barrel-like
ablandar to soften
abrazar to embrace, to hug; to include
abrumar to overwhelm, to crush; to trouble
acabar to finish, to end, to complete
— **de** + *inf.* to have just + *p. p.*
—**se** to be over, finished; to be consumed
acaparar to monopolize; to corner (the market)
acariciar to caress, to pet
acastañado *adj.* brownish
acatar to obey; to respect, to pay homage to
acaudalado *adj.* rich
acelerar to hurry, to hasten; to accelerate
acera sidewalk

— **empedrada** paved sidewalk
acercar to bring near, to draw up
—**se** to get near, to approach
acíbar *m.* bitterness
beber el — to suffer the frustration
acomodado *adj.* comfortable
acomodar (cosa) to arrange; **(a una persona)** to lodge
—**se** to make oneself comfortable; to relax
aconsejar to advise, to counsel
acontecimiento event, happening
acosar to pursue, to harass
acquiescencia acceptance
acta *m.* minutes (of a meeting); document
levantar — to write the minutes
acto action, deed; ceremony
en el — immediately
acudir to come or go (in response to a call)
acústico *adj.* echoing, acoustic
achinado *adj.* Oriental-looking
adelgazar to thin out, to lose weight
ademán *m.* gesture; attitude
adentro *adv.* within, inside
tierra — inland
mar — out to sea
admirar to admire
—**se** to be amazed, to wonder
adoquín *m.* paving-stone
advertir to notice; to warn
afán *m.* zeal; eagerness
afección infection, disease; affection, fondness
afiebrado *adj.* feverish

afligido *adj.* grieved, troubled, upset

agachar to bend down; to lower
—**se** to stoop, to duck

agarrar to grab, to get, to grasp
—**se** to cling

agasajo attention, show of affection; entertainment

agazapado *adj.* crouched; squatted

agitación agitation; excitement

agonizar to be dying

agregar to add; to join

agrupado *adj.* in a group

aguardar to wait; to expect

aguardiente *m.* brandy, hard liquor
— **de caña** rum

agudo *adj.* sharp; keen, witty; acute; shrill

ahogado *adj.* drowned

aindiado *adj.* Indian-like

airado *adj.* irritated, annoyed

aislar to isolate; to insulate

ajeno *adj.* another; foreign, alien

ajo garlic; garlic clove, garlic sauce

ala wing

alba dawn

alborotado *adj.* excited

alcanzar to reach; to overtake; to obtain

aldea village; hamlet

alegrar to brighten; to cheer up
— **se** to be glad

alejado *adj.* far away

alejar to remove, to move away from
—**se** to leave, to go away

alfiler *m.* straight pin; brooch

alfombrado *adj.* carpeted

algo *pron.* something

algodón *m.* cotton

alhajero jewel box

aliento breath

alimento meal, food

aliviar to feel relief; to lighten
—**se** to get better

alivio relief, remedy; aid, help; improvement

alma soul, spirit

almidonado *adj.* starched

almorranas hemorrhoids

alpargata sandal

alrededor *adv.* around, about
— **de** approximately

alrededores *m. pl.* neighborhood; environs

alumbrar to light

alto *adj.* high, tall

altura height; altitude

alzar to raise, to lift

allá *adv.* there, over there
más — farther
— **ellos** that's up to them
el más — the Great Beyond

allanarse to submit, to accept

allí *adv.* there
— **mismo** right there
por — around there

amainado *adj.* let down

amainar to calm; to let up

amante *m.* lover

amargo bitter

amargura bitterness; grief

ambiente *m.* atmosphere; surroundings

ambos *adj.* both

ametralladora machine gun

amical *adv.* friendly

amistades *f. pl.* friends

amo owner, master, boss

amor *m.* love

amorfo *adj.* shapeless

ampliar to enlarge

analfabeto *adj.* illiterate

ancho *adj.* wide

andanza adventure; fate, fortune

andar to walk

   poder — por to be around

anegado *adj.* inundated, flooded

anegar to flood

angustia anguish, affliction

angustiado *adj.* distressed

anhelante *adj.* breathless, panting; anxious, desirous

anhelar to crave, to long for

anidar to live, to dwell; to nestle

anillo curl; ring

animar to cheer, to encourage; to inspire

ánima soul (of a dead person)

ánimo spirit, mind

anochecer to get dark; to be or arrive at nightfall

ansioso *adj.* anxious

ante *prep.* before, in front of; in the presence of

anterior *adj.* before; previous

antojo pleasure, whim, notion

anzuelo fishhook

añadir to add

año year

apagar to extinguish; to quench

   —se to die out; to go out

aparcería partnership

aparecer to appear, to show up

apellido surname

apenas *adv.* hardly, scarcely; *conj.* as soon as

apestar to smell, to stink; to corrupt

aplastar to become flat; to squash, to crush

apoderado proxy; attorney

apoderar to empower

   —se de to take possession of, to seize

aporcar to hill plants

apoyar to rest; to back, to support

apresar to catch; to capture

apresurar to hurry, to hasten

   —se to hurry, to hasten

apretar to squeeze, to be crowded; to urge on

apuntado *adj.* marked

   estar — to be marked

arbolado trees; woodland

arca ark; chest

arco arch; bow

arder to burn; to be consumed

ardilla squirrel

arena sand; arena

arengar to harangue

aridez *f.* dryness; barrenness

armadura frame

arrancar to tear away; to uproot; to tear out

arrebatar to snatch away

arrebolar to redden, to flush

arrellanado *adj.* sprawled

arriba *adv.* up, upward; above; upstairs

arribar to arrive; to put into port

arriero muleteer

arriesgar to risk, to undertake a venture

arrodillarse to kneel down

arrojar to throw, to cast

arroyo creek, small stream; brook

arrozal *m.* rice field

arrugado *adj.* wrinkled

asaltado *adj.* assailed

asaltar to assault

asegurar to assure; to secure

asir to grasp, take hold of

asomar to appear, to look out

—se a to take a look at, to peek into

asombrar to astonish, to frighten; to cast a shadow

asombro amazement; fright

áspero *adj.* sharp; rough, uneven

aspirar to inhale, to breathe in; to aspire, to seek

asunto affair, business; topic

asustar to frighten, to scare

atado *adj.* tied to

atardecer *m.* dusk

atinar to find, to come upon, to guess right

— a to manage to

atontado *adj.* groggy; stunned

atraer to attract, to draw

atragantarse to choke (with food); to gobble up

atrás *adv.* behind, back, backward

más — farther back

atrasado *adj.* late, backward

atreverse to dare, to risk

atropellar to run over; to trample upon

aturdido *adj.* dazed

aturdir to stun; to deafen

ausentarse to leave; to be absent

auxilio help, aid

ave *f.* bird; fowl

avenir to adjust; to reconcile

—se to adapt oneself to

avergonzar to shame

averiguar to investigate; to find out

ayudar to help, to aid

azar *m.* unforeseen event, chance

azul *m.* blue

babosa *adj.* runny; slobbering; slimy

bajar to go down; to lower

bajel *m.* ship, boat

bala ball, bullet, shot

bajo *adj.* low; short; *prep.* under

balancearse to swing, to sway; to waver

baldosa floor tile, paving stone

balneario bathing resort

bandada flock

bandeja tray; bowl

bandear to manage

bandera flag, banner

bañar to bathe, to wash; to dip

—se to take a bath

—se en el mar to go swimming in the ocean

barato *adj.* cheap, inexpensive

barba beard

barbudo bearded man

barnizado *adj.* varnished

barquito small ship

barrio neighborhood, district

bastardilla italic type, italics

bastimento supply (of provisions)

belfos lips (of a horse)

bello *adj.* beautiful, handsome

bibijagüero ant hole

bien *adv.* well

— que although

ahora — now then

más — rather

o — rather

bigote *m.* mustache

blando *adj.* soft, smooth

bocado mouthful, morsel, bite

bocanada mouthful; puff (of smoke)

bodeguero keeper of a wine cellar; liquor dealer; *Cub.* grocer

boina beret; cap

bolillo *Mex.* roll
bomba pump; lamp globe; bomb
bondad kindliness, goodness
bondadoso *adj.* kind, good
bonnes *Fr.* good
borda ship rail
   arrojar por la — to throw overboard
bordo side, board
   a — on board
borrar to erase; to blot out
borroso *adj.* blurry
bosque *m.* forest, woods
botar to throw away; to fling; to launch
bramar to roar; to rage
brevete *Per.* driver's license
brincar to hop, to skip
brillar to shine, to sparkle
brisa breeze
bronceado *adj.* tanned; bronzed
bruma mist, fog
buey *m.* ox
bulto bundle; bulk, volume
bulla noise, uproar
burdo *adj.* common
burlar to mock, to ridicule
   —se to make fun of
burlón *m.* mocker, teaser
buscar to search for, to seek

caballeriza horse stable
cabecera head (of bed or table); pillow
cabecilla *m.* leader
cabezón *adj.* big-headed; pig-headed; stubborn
cabo handle, tip
   al — finally
   al fin y al — in the long run
   llevar a — to carry out
cacería hunt; hunting expedition

cada *adj.* each, every
   — uno each one, each
   — cual each one
cadera hip
caer to fall
   —se to fall down, to tumble
   — bien to be becoming; to like
   dejar — to drop
cafard *Fr.* boredom
cagar *vul.* to defecate
caída fall, drop; descent
caídos *m. pl.* the fallen ones
calavera skull
cálido *adj.* warm, hot
calvicie *f.* baldness
calvo *adj.* bald; barren
calzada polvorienta dirt road
calzar to put on (shoes); to wear
calzoncillos drawers, men's shorts
callado *adj.* silent, quiet
callejón *m.* alley; lane; narrow pass
camarero steward; valet; waiter
camarote *m.* cabin, stateroom
cambiar to change
campana bell
campesino peasant; farmer
canastilla layette
candela fire; candle
candil *m.* oil lamp
cansancio weariness, fatigue
cantidad quantity
cantor *m.* singer; songbird
caño pipe, tube; spout
capataz *m.* boss, foreman
capaz *adj.* capable, able; spacious
capilla chapel; hood

caracol *m.* shell
   escalera de — spiral staircase
carajo *vul.* hell
¡caramba! *interj.* Darn it!
carcajada loud laughter
carcomido *adj.* decayed
carecer to lack, to be in need of
carga load; charge
cargar to carry; to load; to charge
   — sobre to rest on, to fall on
carguero freight wagon
caricia caress
cariño affection
carmelita *adj. Cub.* light brown, tan
carne *f.* meat
   — propia one's own flesh
carnoso *adj.* fleshy
carretera highway
carta letter; menu
cartel *m.* poster
cartucho cartridge; paper bag
casarse to marry
casco hoof; helmet
casero *adj.* (pertaining to) household
castaño *adj.* brown, chestnut-colored
casuarina ironwood tree
catre *m.* cot
cauteloso *adj.* cautious
ceder to yield, to give in; to cede
cegar to blind; to confuse
ceiba silk-cotton tree
ceja eyebrow
cejar to slacken; to let up
cejón *adj.* with big eyebrows
célebre *adj.* famous; funny
celebridad fame, renown; celebrity
celeridad speed

celeste *adj.* celestial, heavenly; blue
celos *m. pl.* jealousy, suspicion
   tener — to be jealous
cenar to eat supper
ceniza ashes, cinders
centro center, middle; downtown
ceño frown; scowl
   fruncir el — to frown; to scowl
ceñudo *adj.* frowning; stern
cepa stump, stub (of a tree or plant); origin, stock (of a family)
   de pura — genuine, legitimate
cercado enclosure; fence; *adj.* surrounded
cercar to enclose; to fence; to surround
cerco circle; fence; enclosure
cesar to stop, to cease; to quit
cicatriz *f.* scar
ciervo deer
cigarra locust
cine *m.* movie, motion picture
cinturón *m.* belt
   palparse el — to touch one's belt
ciprés *m. s.* cypress
circular to circulate; to circle; *n. f.* prison cell
civil *adj.* civil; courteous
   vestidos de — dressed in civilian clothes
clara white of egg
   a las —s clearly, openly
clavar to stick, to nail
coartada alibi
cobarde *m.* coward
cobrar to receive; to collect; to charge

cocktail *m. Ang.* cocktail party
codo elbow
coger to take; to grab
cola tail
colina hill
colmar to fill to the brim
colmillo fang; canine tooth; eyetooth
colocar to place; to arrange
  —se to place oneself
colonia colony; *Am.* city district
colorado *n.* a red-headed man; *adj.* red
  ponerse — to blush
colorido *adj.* colorful
comandancia military headquarters
combatir to fight; to combat
comedor *m.* dining room; great eater
comensal *m.* table companion, diner
comisaría police station
como *adv.* and *conj.* as, like, such as; provided that; *Am.* approximately
  ¿cómo? *interj.* and *adv.* how? what (did you say)?; *Am.* ¡cómo no! Yes, of course!
cómodo *adj.* comfortable
comprender to understand; to realize
compañera comrade; companion; partner
comprobar to verify; to check
concebir to plan; to conceive
concienzudo *adj.* conscientious
conducir to drive; to guide, to lead
conejo rabbit
confiar to trust; to confide
consignar to check (baggage); to deliver; to point out

consulta consultation; opinion; doctor's office
  —s office hours
contorno environs; surrounding country; contour
conuco *Ven.* vegetable garden
convertir to convert
  —se to become; to turn into
copa goblet
  — de árbol treetop
corcovear to buck; to kick; to protest about
cordero lamb
coronado *adj.* crowned
coronilla small crown, top of the head
cortar to cut; to interrupt
cortado *adj.* cut
  estar — to be embarrassed
corte *m.* cut; structure
corteza bark; crust; peel
corto *adj.* short; scanty
corredor *m.* corridor, hall; *Am.* covered porch
correr to run
coser to sew; to stick
cosquilleo tickle, tickling sensation; uneaseness
costilla rib; chop; cutlet
crecer to grow up, to increase; to open wide
creciente *adj.* growing, increasing; *f.* river flood
creyón *m.* crayon
  — de labios lipstick
crin *f.* mane
cristal *m.* glass, car window; mirror
crudo *adj.* raw; uncooked; coarse
crujido creaking; rustling
crujir to creak; to crackle; to crunch
cuadra block

cuadro painting, picture; patch; *theat.* scene
  camisa de —s checkered shirt
cuanto all that, as much (as), whatever
  en — as soon as
  ¿cuánto? how much? how many?
  ¿— tiempo? how long?
cuarteado *adj.* cracked; split
cuartel *m.* barracks; quarters
cuchilla large knife; blade (of any cutting instrument); *Am.* mountain ridge
cubierta deck; covering
cuello neck; collar
cuerno horn; antenna
  poner —s a to deceive (a husband)
cuerpo body
cuidado care; attention
  tener — to be careful
  ¡—! Look out!
culatazo rifle-butt blow
culpa fault; guilt; blame
cumplido *adj.* finished; complete
cumplir to carry out; to fulfill
  — años to have a birthday; to be (so many) years old
cuñado brother-in-law
  —a sister-in-law
cuño stamp
cura *m.* priest
cursi *adj.* cheap; common; ridiculous

charco puddle, pool
charqueador *m.* butcher
charqui jerked meat
chato *adj.* short; flat-nosed; low
chicotazo blow

chispa spark; small diamond; wit
chiste *m.* joke, jest
chorrear to drip; to spout
  — se to spill on oneself
chupar to draw; to suck

dar to give
  — en tierra to touch the ground
  — grima to be disgusting
  — lástima to take pity
  —le por to take to
  — una vuelta to take a ride
  — vivas to praise
  —se to occur
  —se cuenta to realize
  —se un chapuzón to take a dip
deambular to stroll, to wander along
débil *adj.* weak, feeble
debilidad weakness
decoro respect; dignity; honor
dedo finger
dejar to leave; to quit; to let go
  — de to stop
  — caer to drop
delantal *m.* apron
delante *adv.* before, in front; ahead
  — suyo ahead of him
deleitar to charm
  —se to enjoy; to take pleasure in
delgado *adj.* thin; slender
delirio hallucination; delirium
demorarse to take too long; to linger; to be delayed
dentro *adv.* inside, within
  allí — in there
  por — inside
dependencia outbuilding

— **del capataz** the foreman's quarters

dependiente *m.* clerk, salesman; employee

deprimente *adj.* depressing

derecho *adj.* right; straight

derredor *m.* circuit, contour
en — *adv.* and *prep.* around

derrochar to waste; to squander

derrota defeat

derrotero route; course, direction

derrumbe *m.* landslide; collapse

desabrido *adj.* tasteless; insipid

desafiar to defy; to challenge

desagradar to displease

desamparado *adj.* abandoned; forsaken

desarmado *adj.* unarmed

desarrollarse to develop; to unfold

desatar to untie; to unfasten

desazonar to upset

desbordarse to overflow; to spill over

descalzo *adj.* bare, barefoot

descansar to rest

descartar to discard; to put aside

descollar to excel; to stand out

desconcierto disorder; feeling of discomfort

descomunal *adj.* enormous, monstrous

desconfiar to distrust; to lose confidence

desconocido *adj.* unknown; *n.* stranger

descubrir to discover; to uncover

descuidado *adj.* careless, negligent

desembarco landing; unloading

desembocar to come to; to lead (to)

desencajado *adj.* disfigured; disjointed

desenfadadamente *adv.* calmly; easily

desenmascarado *adj.* unmasked

desenvuelto *adj.* free, easy, forward, mundane

desfiladero canyon; narrow passage

desgarrar to tear, to rend

desgajarse to tear oneself away

desgonzar to unhinge

desgracia tragedy; misfortune

desgraciado *adj.* unfortunate; *n.* unhappy being

deslizar to slip
—**se** to slide

desmejorar to make worse; to disfigure

desmesurado *adj.* extreme; excessive; impudent

desnudo *adj.* bare, naked

despacísimo *adv.* very slowly

despachar to dispatch; to send; to finish off

despacho office, business

despatarrado *adj.* stretched out
quedar — to have one's legs wide apart

despatarrante *adj.* amazing

despedida farewell
— **de soltero** last bachelor party

despedir to discharge, to dismiss
—**se** to take leave; to say good-bye

desperdiciar to waste; to miss; to squander

despertador *m.* alarm clock

despertar to wake up, to awake

despiadado *adj.* relentless

desplomar to cause (a wall) to lean
— **se** to slump; to topple over
desposar to marry
— **se** to become formally engaged; to get married
despreciar to scorn; to despise
desprecio scorn, contempt
desprovisto *adj.* lacking
— **de** devoid of
destacar to stand out
desvanecer to fade; to make dizzy
— **se** to vanish; to evaporate; to get dizzy
detrás *adv.* behind
por — by the rear, from behind
detener to stop; to detain; to arrest; to hold
dibujar to sketch; to draw
dibujo drawing
difunto deceased, corpse
dignarse to condescend
digno *adj.* worthy; proper; fitting; dignified
diluvio flood
dinamitero dynamiter
dinero money; currency
dirección direction, guidance; address
— **a** towards
director *m.* director, manager; editor
discutible *adj.* questionable
discutir to argue
disfrazado *adj.* disguised
disgusto annoyance; displeasure
disimulo pretense; slyness
con — furtively
disparar to fire, to shoot; to throw

disponible *adj.* available; on hand
distraer to entertain; to distract
distraído *adj.* absentminded; distracted
divertido *adj.* amusing, funny
doblegar to bend, to fold
— **se** to bend over; to stoop; to submit
doler to hurt, to ache
doloroso *adj.* painful; sorrowful
dominar to control; to rule; to dominate
dorado *adj.* golden; gilded
dorso back, reverse
ducha shower bath
duda doubt
por las —**s** just in case
duelo a group of mourners; grief, sorrow
dueño owner; master
dulce *adj.* sweet; pleasant
durar to last, to endure
duro *adj.* hard; harsh

economizar to economize, to save
echado *adj.* lying down, stretched out
echar to throw; to expel
— **a correr** to run away
— **se a perder** to spoil
— **se boca abajo** to stretch out on one's stomach
eje *m.* axle
ejercitarse to practice; to train oneself
ejército army
elegido the chosen one
embarcarse to embark; to sail
embebido *adj.* absorbed
emboscada ambush
escurrir to drip; to drain

embustero liar
empacado *adj.* packed
emparejar to catch up; to even up; to pair off
emparejado *adj.* equal
empedernidamente *adv.* obstinately
emporio trading center
emprender to begin; to undertake
empujar to push, to shove
enamorado sweetheart; lover
enamorar to court, to woo
—**se** to fall in love
enano midget; dwarf
encaje *m.* lace; adjustment
encaminarse to be on one's way, to be intended for
encaramado *adj.* perched up
encargado *adj.* assigned
encargar to entrust; to put in charge of
encender to turn on; to light
encerrado *adj.* locked; enclosed
encerrar to enclose; to contain
—**se** to lock oneself up
encima *adv.* over, above, on top
encontrado *adj.* mixed; opposing; contrary
encontrar to find, to meet
—**se** to realize; to coincide
encuadrar to frame; to encompass
enfermedad sickness, illness
enfermizo *adj.* sickly, unhealthy
enfermo sick, ill
engendrar to conceive; to beget; to cause
enjugar to dry
enlodado *adj.* muddy
enredador troublemaker
enredar to entangle; to snarl

enroscado *adj.* twisted, curled
enterar to inform, acquaint
—**se** to find out; to learn
entibiar to make lukewarm
—**se** to become lukewarm
entierro funeral; burial
entre *prep.* between; among
— **tanto** meanwhile
entrecortado *adj.* halting; hesitating
entregar to deliver; to hand over
—**se** to surrender, to give up
entumecer to make numb
—**se** to get numb; to swell
envejecer to grow old; to make old
envenenar to poison
—**se** to become poisoned, embittered
enviar to send
equiparar to equate
erizado *adj.* bristly; prickly; with goosebumps
erógeno *adj.* erogenous
escabullirse to slip away; to slip through
escalinata staircase; flight of stairs
escaloncito step
escardilla hoe
escasear to be scarce; to grow less
escéptico *adj.* sceptic
escocés Scotch
esconder to hide, to conceal
escorado *adj.* leaning; listed
escozor *m.* sting, smarting sensation
escribiente *m.* clerk, office clerk
escrofuloso *adj.* puny
escupir to spit

—**se** to slip out; to trickle

esfuerzo effort; spirit

espada sword

espalda back, shoulders

   de —**s a** on one's back

espanto horror; terror

esparcir to scatter, to spread

espejo mirror

espejuelos glasses

esperanza hope; expectation

esperar to wait for; to expect

espeso *adj.* thick, dense

espina fishbone; thorn; sharp
   splinter

esquina corner, angle

estaca stick, club

estallar to burst; to break out;
   to get very angry

estancia ranch

estero creek

estirar to stretch; to extend

estorbo obstruction; hindrance

estrechar to narrow; to tighten

   —**se la mano** to shake hands

estrechez *f.* narrowness

estrecho *adj.* narrow; tight

estrellar to crash; to shatter

estremecer to shake

   —**se** to shudder

estrépito uproar, racket

estrías lines

evitar to avoid, to shun

exigir to demand; to require; to
   exact

éxito success; outcome; result

expansión recreation; relaxa-
   tion

extenso *adj.* ample; vast;
   spacious

extranjero alien; foreigner

extrañar to miss (a person or

thing); to wonder at; to
   seem odd

extrañeza strange feeling;
   surprise

faena task, job, duty

falda skirt

faltar to be needed; to be absent or missing

fallar to fail; to render a ver-
   dict

familiares *n. pl.* relatives

fango mud

farol *m.* lamp; lantern

fastidiar to annoy, to bother;
   to bore

fatalidad fate; destiny; misfortune

fatídico *adj.* fateful, ominous

fecha date

felicitar to congratulate

feo *adj.* ugly, homely

ferretería hardware store

festejar to celebrate; to feast

ficha index card

   — **policíaca** police record

fiel *adj.* faithful; true

fijar to fasten; to establish

   —**se** to settle

   —**se en** to notice

filete *m.* fillet, tenderloin; steak

filo edge, cutting edge

   — **del alba** break of dawn

filoso *adj.* sharp

finca farm, ranch

fingir to pretend, to fake

fiñe *Cub.* kid

firmamento sky

fondear to cast anchor

fondo bottom; back; deep

   —**s** funds

   a — throughly

forastero stranger; outsider

formol *m.* formaldehyde
frambuesa raspberry
frenar to stop; to brake
frente *f.* forehead
frío *adj.* cold; frigid
frotar to rub; to scour
fruición fruition, enjoyment
fuerza strength, force
fulgor *m.* radiance; gleam
fundir to smelt; to cast
   —se to fuse; to unite

gacela antelope
gacho *adj.* bent downward;
     drooping
gajo branch
galpón *m.* shed
gallo cock, rooster
gamada *adj. f.* swastika
garabatear to scribble, to scrawl
garganta throat, neck
garra claw, paw, hook
gatas
   a — crawling on all fours
gaveta drawer
gesto gesture; grimace
girar to rotate, to swirl
gólgota calvary
goloso *adj.* greedy; gluttonous
golpe bump; stroke; knock
   de — suddenly
gordo fat, thick; plump
gotear to drip; to leak
gotera leak, hole
gozar to enjoy, to possess
grabar to carve; to engrave
gracia grace; witty remark;
     joke
gracioso *adj.* funny; amusing
gremio trade union; society,
     guild
granado *adj.* illustrious; notable
gritar to scream, to shout

groseramente *adv.* grossly,
   obscenely
guagua *Cub.* bus
guapo *adj.* bully; quarreler;
   handsome
guaracha Latin American
   rhythm
guardabosque forest ranger
guardar to keep; to guard
guarecer to protect, shelter
   —se to take shelter
guayabera *Cub.* shirt

habilitar to enable; to equip;
   to furnish
habitación room; apartment
hacer to do; to make
   — caso to pay attention
   — falta to need
   — frío (calor) to be cold
     (warm)
   — seguir to have one
     followed
hada fairy
hallazgo find; discovery
harto *adj.* full; satiated; fed up
hazaña deed, feat
hecho fact; act, deed
helado *adj.* frozen; freezing;
     icy; *n.* ice cream
hender to split; to crack
herida wound; injury
herido *adj.* wounded
herir to hurt; to wound
herradura horseshoe
herramienta tool
herrumbroso *adj.* rusty
hierba grass; herb; weed
hierro iron
   — forjado forged iron
higuera fig tree
hilera row; line
hincado *adj.* kneeling
hilo thread; fine yarn
jirafa giraffe

hirviente *adj.* boiling
hoja leaf; petal; sheet
  — de metal metal blade
hogar *m.* home; hearth; fireplace
hojear to glance through
holgado *adj.* comfortable; at leisure
hombro shoulder
hondo *adj.* deep; deep set
hormiga ant
hosco *adj.* sullen
hueco hole; hollow, empty
  hacer — to make room
huelga strike
huérfano orphan
hueso bone; stone (big seed)
huésped *m.* guest
huesudo *adj.* bony
huida escape, flight
huir to flee, to escape
hule *m.* oilcloth; rubber
humilde *adj.* humble; meek
humo smoke, fume, vapor
hundir to sink, to submerge
  —se to sink, to collapse, to cave in
huraño *adj.* unsociable, bashful
huracán *m.* hurricane
hurtadillas
  a — secretly, furtively

impedir to impede, to prevent, to hinder
imprecación curse
imprenta print shop
inalcanzable *adj.* unreachable
incautado *adj.* confiscated
incendio fire
inclinar to incline; to persuade
  —se to bow; to stoop; to bend
incluso *adj.* included; *adv.* even

incontrastable *adj.* insurmountable; insuperable
inconveniente *m.* obstacle; drawback
incorporar to incorporate, to unite; to embody
  —se to sit up
indebido *adj.* crooked, illegal
indiada Indian attack
índice *m.* forefinger
infeliz *m.* unfortunate one
informe *m.* report, account; paper
ingenio sugar mill
ingenuo *adj.* naive; simple; sincere
inopia poverty, indigence
inquilino tenant; lodger
insoportable *adj.* insufferable; unbearable
instalarse to settle (down)
insular *adj.* pertaining to an island
intentar to try, to attempt
intento unsuccessful attempt; intent, purpose
interior *adj.* inside
  ropa — underclothes
interminable *adj.* endless
intuir to perceive; to sense
inundar to flood
inútil *adj.* useless
inverosímil *adj.* unlikely, improbable
investigación research
ixtle *Mex.* fibers

jadear to pant
jalar to pull; to haul
jamelgo wretched horse, nag
jardín *m.* yard; flower garden
jaula cage
jilguero linnet (song bird)
jinete *m.* horsemen, rider

jugada play in a game
jugo juice; sap
juguete *m.* toy
juicio judgment
    perder el — to lose one's
      mind
junco stalk; reed
jurar to vow, to swear
juzgar to sentence; to judge

krasivinka *Russ.* pretty
kudu African antelope

labio lip
lacio *adj.* straight; withered;
    languid; limp
ladear to tilt, to tip; to turn
    aside
    —se to sway; to move to
      one side
lado side; direction
    al — de by (on) the side of
    del — from the direction
    del otro — de on the other
      side of
    por su — for (on) its part
ladrar to bark
lagarto lizard, rascal, sly fellow
lágrima tear
lamer to lick, to lap
lana wool
lancha launch, boat, barge
lanza spear, lance
largar to let loose
    —se to leave, to sneak away
largo long
    a la larga in the long run
lástima pity
lastimado *adj.* injured; hurt
lastimoso *adj.* pitiful
lata tin can, can; tin plate;
    thin board; annoyance;
    embarrassment

latigazo lash; stroke with a
    whip; crack of a whip; un-
    expected blow; reprimand
latir to beat, to palpitate
lavandera laundress, washer-
    woman
lazo bow; bond, tie
lealtad loyalty
lector *m.* reader
lejano *adj.* distant; far away
lentes *m.* eyeglasses
lento *adj.* slow; dull
letra handwriting, letter of the
    alphabet
letrero sign, roster; notice;
    legend (under an illustra-
    tion)
letrina *Mex.* bathroom
leve *adj.* slight; light
levantar to raise, to lift
    — los ojos to raise one's
      eyes
    — el vuelo to take flight
    —se to get up; to rise; to
      stand up
librar to free, to set free; to
    save
    —se to spare; to save one-
      self; to escape
librero bookcase, bookshelves
ligadura bond, tie
ligar to tie; to bond
lima file; finishing, polishing
lindero path; border, edge
liso *adj.* smooth, plain; cloud-
    less
liviano *adj.* light; slight; unim-
    portant; frivolous
loca madwoman; lunatic
    a —s recklessly
lograr to achieve, to attain, to
    obtain, to gain; to manage
    to

loma small hill
loseta floor tile
lucir to show off; to shine
lucha struggle
lugar *m.* place; site; town
luego *adv.* then, later
   desde — naturally
lujo luxury
luna moon
   en la — absentminded

llaga blister; sore
llave *f.* key; faucet
llegar to arrive
   — a to arrive at, attain
   — a + *inf.* to get to
llenar to fill; to stuff
   volver a — to fill again
   —se become full, fill up
lluvia rain
lluvioso *adj.* rainy

macho *n., adj.* he-man; male
madero beam; plank; timber;
   piece of lumber
madrugada dawn; morning
magro *adj.* thin; lean
maldecir to curse
malecón *m.* sea wall
malestar *m.* malaise; slight illness; discomfort
malgastar to squander, to waste
maltratado *adj.* mistreated,
   abused, treated badly
malvado wicked person
mampostería cement and
   stones; stone masonry
manar to spring, to flow; to
   abound; to emanate
manco *Chil.* nag
mancha spot; stain
manchado *adj.* spotted
mandar to send; to command,
   to order

mango handle; *Am.* a type of
   tropical tree and its fruit
manguera hose
manjar *m.* delicacy
mano *f.* hand; forefoot; clock
   hand
manso *adj.* tame; delicate
mantel *m.* tablecloth
mantener to maintain, to keep;
   to support
manto cloak; cape
mar *m.* sea, ocean
marco frame
marchar to march; to parade;
   to run
   —se to go away
marejada wave; heavy sea,
   surge; undercurrent
mareo dizzy spell; seasickness
martillazo hammerblow
más *adj.* more; most
   — que rather
matadero slaughterhouse
materia matter; material;
   course
matorral *m.* bush, thicket
mayordomo butler; steward
mecate *m.* rope; clothesline
mecedora rocking chair
mecer to swing, to sway; to
   dangle
media sock, stocking
mejilla cheek
mejor *adj.* better, best; rather
   al lo — probably
   mejoría improvement,
   betterment
melena mane
menear to shake; to wiggle
   —se to hustle about
menguado *adj.* decreased,
   diminished; weak
menospreciar to look down on;

to despise, to scorn
mensual *adj.* monthly
mentira lie
mentiroso liar, fibber
merecer to deserve
merodear to roam; to prowl
mesero waiter
meter to get in, to hide
  —**se** to meddle, to interfere
miedo fear; dread
mierda excrement; *vulg.* crap
miga crumb
mimar to baby; to pet; to spoil
ministerio government depart-
  ment
miramiento circumspection;
  regard; reverence
misa mass
mitad half; middle
mocasín *m.* loafer, moccasin
mochar to chop off, to hack off
modo manner; way
  de — que so that
molestar to bother; to disturb
monacal *adj.* monastic
moneda coin
mono monkey; silly fool; *adj.*
  pretty, cute
montar to mount; to climb
  — en cólera to become angry
monte *m.* woods, forest, jungle;
  mountain; brush, weeds
montón *m.* bunch; pile, heap
moño bow of ribbon
morado *adj.* purple
morder to bite, to nip
morisco *adj.* Moorish; Mores-
  que, in the Moorish style
mozalbete *m.* boy; lad; youth
mozo waiter; young man;
  servant
mudanza move, change;
  removal

mudo *adj.* mute, speechless,
  silent
mueca grimace; face
muerto dead person
multa fine, penalty
muñón *m.* stump (of an arm or
  leg)
muro wall
mutis *m. theat.* exit

nacer to start; to be born
nalga buttock
nariz *f.* nose
navaja switch blade
negocio business, deal
nganga (*in Cub. voodoo*) a
  dead person who has
  come back to life
nudillo knuckle
nuera daughter-in-law
nunca *adv.* never
  más que — more than ever
nutrido *adj.* full; substantial

obedecer to obey
obstante
  no — nevertheless, however
ocultar to hide, to conceal
oculto *adj.* hidden
odiar to hate
odio hatred
ojo eye
ola wave
oleada swell, surge; big wave
óleo oil
  pintura al — oil painting
oler to smell
olfato sense of smell
olmo elm tree
olor *m.* smell
operación operation; business
  deal
oración prayer; sentence
orgullo pride

oriente *m.* east
orilla shore
oriundo native
    ser — de to hail from, to
        come from
oscurecer to get dark
oscuro dark, obscure
otear to look down on, to look
    over; to glimpse
otro another; different
    otra vez again
óvalo oval-shaped object
oyamel *m.* fir tree

padrino godfather
paga salary, pay
pago payment; prize; reward
paisaje *m.* landscape
paja straw; chaff; rubbish
palmazo pat
palmear to pat; to clap, to
    applaud
palmera palm tree
panadería bakery
pantaletas *f. pl.* panties
pañolón *m.* shawl
papa *m.* Pope; *f.* potato
    —s fritas French fries
    no saber ni una — not to
        know a thing
papel *m.* role, part; paper
paquete *m.* bundle; package
parado *adj.* standing
parapetarse to hide; to protect
    oneself
parar to stop
    — en seco to come to a dead
        stop
pardo *adj.* dark; brown; drab
parecer to seem
    —se a to look like
parecido *adj.* similar, like
pared *f.* wall
pareja couple, pair

parejo *adj.* even; equal, like
párpado eyelid
parrandear to go on a binge;
    to paint the town red
partida game
partido district; faction
partir to break; to depart
pasear to take a drive
    — los ojos to look around
    —se to take a walk
paso step; pace; gait; pass
pastilla pill; tablet (of medicine,
    candy, etc.); bar (of soap)
pasto grass; pasture
pata foot, leg (of a table, etc.)
    de patas on one's feet
patología pathology
pausadamente *adv.* slowly;
    deliberately
pavor *m.* dread, terror
paz *f.* peace
pedregoso *adj.* rocky
pedido order
    a — on request
pegado *adj.* next; close
pegar to join, to stick, to glue
    — a la acera to park
    — gritos to shout
pelambre *m.* thick hair, long
    hair, mop of hair; fur,
    fleece
peldaño stair, step; rung (of
    ladder)
pelea fight
película film
    — de sebo film of fat
peligroso *adj.* dangerous; risky
pelo hair; fur, coat; nap (of
    cloth)
    —s y señales in detail
peludo *adj.* hairy, shaggy;
    furry
pellejo skin, peel, rind; hide,
    pelt

pellizcar to pinch
pena grief; pity; hardship
— **de muerte** death penalty
a duras —**s** with great difficulty
me da— it grieves me; *Am.* to be embarrassed
penacho crest
pendejo coward; cowardly; contemptible fool
pender to hang
percatarse to realize; to notice; to take note of
perder to lose
—**se** to get lost
perdido *adj.* lost; strayed
perdurar to persist; to last, to endure
perezoso *adj.* lazy
periódico newspaper
peripecia fortune; change in fortune; unforeseen incident
pernoctar to spend the night
perseguir to follow, to pursue; to prosecute
pesar to weigh; to consider; to cause grief
—**se** to weigh oneself
pesebre *m.* stall; manger
peso weight; peso (monetary unit of several Spanish American countries)
pestañear to blink
peste *f.* stench; epidemic, plague
pétreo *adj.* petrified; stony
piadoso *adj.* pious
picúo *adj.* corny
pie *m.* foot
a — on foot
de —**s** standing
piedra stone
piel *f.* skin

pierna leg
pieza animal; room (of a house); piece, part; play
pino pine tree
pinta (luxurious) appearance; spot; pint
piscina swimming pool
piso floor; ground
placa x-ray picture; plaque; license plate
placebo sugar pill
plagado *adj.* full of; infested
planta floor, plant
— **baja** ground floor
plata silver
platicar to talk
playa beach
plazo term; date of payment
a —**s** on credit
plegado *adj.* folded; pleated; creased
plegarse to bend, to fold
pleno *adj.* full, complete
— **de** full of
en — in the middle of
pluma feather
pobre *adj.* poor
podrido *adj.* rotten
polvo dust, powder
poner to put
—**le el cuño** to rest assured
—**se** to become
—**se a** to begin to
—**se de pie** to stand up
por by; for; on behalf of
— **ahí** over there
— **ciento** per cent
— **entre** among, between
— **eso** therefore
¿— **qué?** why?
— **supuesto** obviously
porfiar to insist; to persist
portalón *m.* large door
portón *m.* gate

posterior *adj.* back, rear; posterior

postre *m.* dessert

potencia power; powerful nation

potrero pasture, meadow

practicar to practice; to carry out

precipitado *adj.* hasty

precisarse to be necessary

predicar to preach

preguntón *adj.* questioning

prenda piece of jewelry

prender to arrest

— **gente** to take prisoners

prescindir to put aside; to disregard; to omit

presidio penitentiary

preso prisoner

prestar to lend

prevenir to warn

—**se** to prepare oneself

prever to foresee

primo cousin

— **hermano** first cousin

primero young; first

prisa haste

principio beginning; principle

probar to try; to prove; to test

proclive *adj.* inclined

progenitor *m.* parent

propina tip

propio *adj.* own

nombre — proper name

propósito plan; purpose; intention

próximo *adj.* close, near; neighboring

púa prong

alambrado de — barbed wire

puesto position, job

pulcro *adj.* neat, trim; beautiful

pulpería country store; general store; bar, tavern

puñal *m.* dagger

puñetazo blow with the fist, punch

púrpura purple

puta bitch; whore, prostitute

quebrado *p. p.* broken

quebrar to go bankrupt, to go broke; to break

quedar to remain, to be left

— **atrás** to be left behind

—**se** to stay

quejarse to complain

quemado *adj.* suntanned; burned

quemar to burn, to scald

—**se** to be hot

química chemistry

quizás *adv.* perhaps; maybe

raído *adj.* worn out

raíz *f.* root

rama branch

rancho hut; camp; ranch

raquítico *adj.* skinny; sickly

rascar to scratch

rasgo characteristic, trait, feature

raspar to scrape, to scrape off

rato moment

a —**s** every now and then

raya rayfish

reanimar to cheer up

reanudar to resume, to renew, to begin again

reborde *m.* edge

rebosar to overflow

receloso *adj.* apprehensive

recepción reception; admission; front desk

recio *adj.* strong, tough; robust

reclamar to protest; to claim, to demand

recoger to pick up; to gather

— **como heroico** to record as heroic

— **velas** to trim one's sails
reconocer to identify; to know, to recognize
recordar to wake up; to remember, to recall
recorrer to go through; to go over
recrudecer to grow worse
recto *adj.* straight
rechazar to repel, to turn down
red *f.* net
redacción newsroom; writing; editing; editorial staff
redada round up; (police) raid
refajo slip; underskirt
refunfuñar to rumble; to grunt, to growl
regalo present, gift
regañar to scold
regar to scatter
— **semillas** to spread seeds
regreso return
estar de — to be back
reino kingdom
reja fence; iron grating
relato story, report, account
rematar to tie back; to finish off, to kill off
rendir to give; to yield, to render
renunciar to resign; to renounce
reojo
de — *adv.* sideways
reparar to notice; to repair, to mend; to restore
repartir to give away; to divide up; to distribute, to parcel out
reparto delivery; distribution
reponerse to redeem oneself; to recover one's health or fortune; to collect oneself
resbalar to slide, to slip
reseca *adj.* dry

resina resin
resolverse to decide, to resolve
respaldo back (of a chair); endorsement
respirar to breathe
responder to answer
respuesta answer
restañar to stop (blood); to check the flow of
restregar to rub hard
—se to rub oneself
resultar to turn out to be; to result; to end up
retorcer to twist; to wring
retazo piece; fragment
hecho a —s pieced together
retrasado *p. p.* fallen behind
retrasar to delay; to set back
reunión meeting
reventar to splash; to burst; to burst forth
revés *m.* wrong side; reverse
al — inside out
revistero magazine rack
revuelta revolt, revolution; turn, bend
rezar to pray
riesgo risk
rincón *m.* corner (of a room); nook
ríspido *adj.* coarse
roble *m.* oak tree
rodear to surround; to go around; to encircle
rojizo *adj.* reddish
rojo *adj.* red; *m.* red color
ronco *adj.* hoarse
rondar to go around, to hover around, to patrol
ropa clothes
rostro face
roto *adj.* broken, shattered
rueda wheel

en — in a circle
ruego plea; supplication; request
rugido roar
ruido noise
rumbo direction; route; course

sediento *adj.* thirsty
sábana sheet
sabatina *adj.* (pertaining to) Saturday
saber to know, to find out
  no se sabe there is no news
sabio *n.* wise man; *adj.* wise, learned
sacar to deduce, to get out; to extract
saco coat
sacudida *adj.* jerked; shaken off
sacudir to shake; to shake off; to jerk
saleta (small) living room
salir to turn out, to come out; to leave; to appear, to turn up
salpicar to splatter, to spray, to sprinkle
saltar to jump, to leap; to skip over; to jump out; to appear
saltón *adj.* bulging
  ojos —es popeyes, bulging eyes
salva salute (of firearms)
salvo *prep.* except; safe, but
saludar to salute, to greet, to say hello
samán *m.* cedar tree
sangre *f.* blood
sastrería tailoring, tailor's trade; tailor shop
satisfecho *adj.* satisfied
sebo fat, grease

secarse to dry oneself
seco *adj.* dry; cold; disagreeable
secundaria high school
sed *f.* thirst
seda silk
seguir to follow; to continue
  de haber seguido having continued
según *prep.* according to; *conj.* as; according to
selva jungle; forest
semana week
semejante *adj.* such; similar, alike, the same
  — a like
semejante *m.* fellow man
  nuestros —s our fellow men
semilla seed
semiperdido *adj.* half lost
sendero path, track
sentido direction
seña sign, mark; password
señal *f.* sign; symptom; signal
señor *m.* mister; sir; owner; master, lord; gentleman
sepultura tomb
  dar — to bury
servilleta napkin
seto fence
  — vivo hedge
sevillana corva curved knife
si *conj.* if; whether
sí *adv.* yes
  ahora — but
siembra cultivated field
siempre *adv.* always; all the time; ever
sien *f. anat.* temple
sigilosamente *adv.* silently; secretly; discreetly; stealthily
significado meaning

siguiente *adj.* following; next
silbar to whistle
silboso *adj.* rasping
silvestre *adj.* wild; uncultivated
simpático adj. likeable; pleasant, attractive
sin *prep.* without, besides; *conj.* without
siquiera *adv.*
   ni — not even
sitio place, site
sobre *adv.* over, on, above
sobremesa after-dinner conversation
sobrenombre *m.* nickname
sobreviviente *m.* and *f.* survivor; *adj.* surviving
sobrevivir to survive
socorrido *adj.* handy, trite; helped, aided, assisted
socorro help, aid, assistance
soledad loneliness
soler to be accustomed to, to be in the habit of
soltar to set free, to burst out, to let loose; to unite
sombra shade; shadow; darkness
sonriente *adj.* smiling
soplar to blow, to puff; to blow up
sorprender to surprise
soplo puff, gust of wind
   — de una sonrisa a hint of a smile
soportar to endure, to put up with, to tolerate
sosiego tranquility; calm, peace, quiet
subdesarrollado *adj.* underdeveloped
subir to climb, to get into, to go up

subterráneo cellar, underground cave; subway
súbito *adj.* sudden, unexpected
suceder to take place, to happen
sucio *adj.* dirty
sudor *m.* sweat
suegra mother-in-law
suela sole
sueldo salary
suelo ground, soil, land; terrain; floor
suelto *adj.* loose
sueño dream
suerte *f.* luck; fortune
   estar de — to be lucky
sumo *adj.* supreme, highest
   a lo — at most
surco furrow
surgir to appear, to arise, to come forth; to break out
suscitar to stir; to arouse
suspender to end; to suspend; to fail
susurrar to whisper, to murmur, to rustle
sutil *adj.* subtle; fine; slender

tablero playing board; board
tallar to deal cards; to carve, to cut
taller *m.* repair shop
tallo stem, stalk, trunk
tambalearse to stagger, to totter, to sway, to reel
tapa cover, lid
tapizado *adj.* upholstered
tarea homework, task, assignment
taza cup; toilet bowl
tecla key (of a typewriter or piano)
techo roof; ceiling
teja (roof) tile

tela cloth; web
— **metálica** (wire) screen
telaraña spider web
temblar to shake; to tremble
temor *m.* fear; dread
templar to tune; to temper; to moderate
temporal *m.* storm; weather; spell of rainy weather
tender to lay down
—**se** to stretch oneself out
tendido *adj.* stretched out; lying down
terciopelo velvet
terco *adj.* stubborn, obstinate; hard
ternura tender feeling, tenderness
tesón *m.* tenacity, persistence
testa head
testigo witness
tibio *adj.* warm; tepid, lukewarm
tiburón *m.* shark
tienda store
tieso *adj.* stiff
timón *m.* steering wheel
tinte *m.* color, tint, hue
tiñoso *adj.* mangy, scabby; stingy
tirada *adj.* thrown
tirar to pull
—**se** to lie down
—**se de clavado** to dive
tobillo ankle
tomar to take, to catch, to capture
— **en cuenta** to pay attention to
tontería foolishness
tonto fool; *adj.* foolish
topar to run into

—**se** to meet
tornar to return; to turn; to change
torno *m.* turn; turnstile
en — around
torpe *adj.* awkward; stupid, dull
tosco *adj.* rough, coarse, harsh
trabar to join, to fasten; to clasp
— **conversación** to engage in conversation
tragar to swallow; to gulp; to engulf, to swallow up
trago shot, swallow
echar un — to take a drink
traicionar to deceive; to betray
traje *m.* suit, dress
— **de baño** bathing suit
trama *f.* plot (of a play or novel)
tramo stretch; short distance; lap
tranca crossbar; bolt
trancarse to lock oneself up
transfigurado *adj.* transformed; excited
tranvía *m.* streetcar
trapo sail; rag
a todo — full sail
traquetear to rattle; to shake
tras *prep.* after, behind
trasladarse to move; to remove; to transfer
traspatio inner patio
tratado treatise
tratar to treat; to deal with
travesía trip; crossing
trecho stretch; distance
tregua respite, truce, rest
trepar to climb

trepidar to vibrate, to shake, to tremble
tripulación crew, ship's company
triste *adj.* sad; sorrowful
triunfal *adj.* great, triumphal
triunfo triumph, victory
troglodita cave man
tropezar con to stumble upon
trozo section, piece, bit
trueno thunder, explosion
turbar to disturb; to perturb

único *adj.* only, sole; unique
uña nail
urgido *adj.* impelled

vaca cow
vacilar to hesitate; to waver
vado ford
vaho breath; fume; odor
valer to be worth; to cost
   — la pena to be worthwhile
   más vale it is better
vasco Basque
vecindario neighborhood
vecino neighbor; resident
vega vegetable farm; tobacco plantation
vela sail; candle; night watch
   a toda — under full sail
   en — without sleep
velocidad speed; pace; gear
vencer to defeat, to override
ventaja advantage; (in race) start
ventorrillo store; small shop
ver to see; to look; to examine
venir a — to open one's eyes

a mi modo de — in my opinion
veranear to spend the summer (vacation)
veraniego *adj.* (pertaining to) summer
verdaderamente *adv.* really
verdugo executioner
vereda trail, path
verídico *adj.* truthful
verja fence; iron gate
vestido *adj.* dressed
vía crucis *m.* Way of the Cross
viajero traveler
viejo old; old man, i.e., father
viento wind, breeze
viga beam, rafter
viperino *adj.* viperish
volado *adj.* blown
voltear to turn around
volver to return; to turn
   — a toparse to meet again
   — loco to drive crazy
   —se atrás to go back
vozarrón *m.* strong voice
vuelo flight
   levantar el — to take off
vuelta turn
   dar —s to go by

yacente *adj.* stretched out
yema eggyolk
   — del dedo fingertip
yerno son-in-law

zaguán *m.* entrance; vestibule
zamaquear to shake
zanjón *m.* deep ditch
zaraza cotton dress
zorro fox